社会和生态文明理论与实践研究文库

美丽中国建设中的绿色生活方式研究

陈俊霞　张彦丽　雷萌萌　著

山东大学出版社
SHANDONG UNIVERSITY PRESS
·济南·

图书在版编目(CIP)数据

美丽中国建设中的绿色生活方式研究/陈俊霞，张彦丽，雷萌萌著.—济南：山东大学出版社，2021.11

ISBN 978-7-5607-7235-6

Ⅰ.①美… Ⅱ.①陈… ②张… ③雷… Ⅲ.①居民—生活方式—研究—中国 Ⅳ.D669.3

中国版本图书馆 CIP 数据核字(2021)第 225384 号

策划编辑 刘 彤
责任编辑 武迎新
文案编辑 滕正辉
封面设计 杜 婕

出版发行 山东大学出版社
社 址 山东省济南市山大南路 20 号
邮政编码 250100
发行热线 (0531)88363008
经 销 新华书店
印 刷 济南华林彩印有限公司
规 格 720 毫米×1000 毫米 1/16
9 印张 160 千字
版 次 2021 年 11 月第 1 版
印 次 2021 年 11 月第 1 次印刷
定 价 36.00 元

目 录

第一章

美丽中国建设的提出背景

现代西方文明是以征服自然为重要特征的文明形式，其近300年的工业发展在带来巨大成就的同时，也衍生出一系列的生态环境问题。自20世纪30年代以来，全球性生态环境危机频发，凸显了人与自然的矛盾。中国在改革开放40多年的高速发展中，也积累了大量的生态环境问题，这些问题如不能得到及时、妥善的解决，将会造成较大的生态环境风险。党的十八大报告把生态文明建设纳入中国特色社会主义事业“五位一体”总体布局，彰显了生态文明建设的重要性，并且明确了生态文明建设的目标是“美丽中国”，这是党中央面对生态环境挑战、回应人民期待的重大战略部署，是实现中华民族伟大复兴的根本保障。

第一节　全球生态环境危机和绿色发展

20世纪30年代以来，伴随着西方国家的工业化进程，出现了影响全球的生态环境污染事件。生态环境问题的出现引起了人们的关注和反思，各国相继提出了可持续发展和绿色经济的新发展模式，国际上涌现出四次绿色发展浪潮，这些探索对中国生态文明的提出和美丽中国建设战略部署具有推动作用。

一、全球生态环境问题

纵观人类发展历史，生态环境问题由来已久。18世纪60年代以来，以蒸汽技术、电力技术和科技革命为主题的三次工业革命对世界经济的发展起到了巨大推动作用，其缔造的工业文明为人类带来了前所未有的物质财富。然而，工业化初期以资源大量消耗和污染大量排放为特征的粗放型发展是一柄双刃剑，工业文明在促进生产力水平提升的同时也对生态环境造成了严重的破坏，出现了全球性的资源短缺、环境污染和生态破坏等问题。20 世纪80 年代，人们相继发现了全球变暖、臭氧层空洞和酸雨三大全球性生态环境问题。

20 世纪发生了对全球生态环境、公众环保意识和公众生活造成巨大影响的世界八大公害事件。其中，20 世纪 40 年代初发生在美国洛杉矶的光化学烟雾事件，以臭氧为主要污染物的空气污染先后导致近千人死亡，致使洛杉矶75％以上市民患上红眼病。1952 年 12 月首次爆发的伦敦烟雾事件，属于燃煤型烟雾造成的大气污染，爆发的短短几天内，致死人数高达 4000 人以上，随后的两个月内至少有 8000 人因大气污染死于呼吸系统疾病。之后的十几年间，伦敦又相继发生 10 余次对居民生产、生活和身体健康影响严重的烟雾事件。1953～1956 年，在日本发生著名的水俣病事件，由于工厂把含有甲基汞的废水直接排放到水俣湾中，人们食用受污染的鱼和贝类后患上了极为痛苦的汞中毒病，汞污染导致患者近千人，受其威胁者多达 2 万人。

对于中国而言，改革开放 40 余年来，经济建设取得了巨大成就，民生福祉得到大幅改善，中华传统优秀文化逐步走向世界，国家综合实力和影响力显著上升。然而，虽然当前我国已经全面建成小康社会，正处于“两个一百年”奋斗目标历史交汇、实现中华民族伟大复兴的新发展阶段，但是环境资源约束和生态环境问题仍然是阻碍我们实现“中国梦”的重大问题之一。一方面，从我国的自然资源情况来看，由于人口基数大，人均占有资源量少，资源短缺成为制约我国经济高质量发展的关键问题。另一方面，从生态环境质量恶化造成的压力方面来看，党的十八大以来，随着生态文明战略的推进，我国生态环境恶化的趋势已初步得到遏制。但从总体上看，我国生态环境保护的压力仍然较大，维护生态安全的形势依然严峻，生态环境存在先天脆弱、易于失衡等问题，生态环境对经济社会发展的制约亦日益突出，人民群众对良好的生态环境需求越来越高，对生态环境治理的呼声也愈发强烈，对转变传统经济增长方式和生活方式的要求十分迫切。

二、可持续发展的提出

今天，全球性生态危机和环境问题的蔓延逐渐受到人们广泛关注。为促进应对全球性生态环境问题的国际合作，联合国于 1983 年 12 月成立了世界环境与发展委员会，其主要任务是推进全球性生态环境问题研究，并创造性地提出了应对战略。1987 年 2 月，世界环境与发展委员会发表了报告《我们共同的未来》，在全球范围产生了较大影响。在报告的第一部分“共同的问题”中，从全球的人口、粮食、物种、能源、工业和人类居住等方面的问题分析切入，详细分析了各方面存在的全球性问题。在第二部分“共同的挑战”中，系统探讨了人类面临的一系列重大经济、社会和环境问题。在第三部分“共同的努力”中，鲜明地提出三个观点：一是全球性的环境危机、能源危机和发展危机之间不是各自独立的，而是相互联系的；二是地球的自然资源和能源远远不能满足人类发展的需要；三是必须为当代人和下代人的利益改变发展模式。在此基础上，报告提出了“可持续发展”（Sustainable Development）的概念——既满足当代人的需求，又不影响后代人满足其需求能力的发展。

《我们共同的未来》深刻地指出，在过去，大家普遍关心的是经济的快速发展对生态环境造成的影响；而现在，我们正迫切地感到由于生态环境方面的压力而形成的对经济健康发展的制约。可持续发展的提出明确要求人类需要探寻一条新的发展道路，这条道路不是一条仅能在若干年内、在若干地方可以持续地支持人类进步的道路，而是放眼未来可以引导全人类持续发展和进步的道路。“可持续发展”这一观点，在人类的发展权利这个核心问题上，提出不仅要考虑到代内公平，更要兼顾到代际公平，把人们从单纯地考虑环境保护问题，引导到把环境保护与人类发展结合起来思考、把代内公平和代际公平统筹起来考虑，从而促进人类在认识环境和发展的关系上产生了重大进步。

三、四次绿色发展浪潮

绿色发展的提出是源于人们对可持续发展问题认识的深化，是环境问题、能源问题、生态危机的出现促使人们对传统发展方式的反思。

随着人类对全球性生态环境问题的认识不断深入，国际上关于环境保护和绿色发展的实践探索从起步到现在，已经历了半个多世纪，大约每 20 年掀起一次绿色发展浪潮，至今共涌现出 4 次绿色发展浪潮（如图 1-1 所示）：1962～1972 年，第一次绿色浪潮的主题聚焦于环境主义，以《寂静的春天》《只有一个地球》《增长的极限》等著作为代表的绿色思想引起全球反思，这些著作及其广泛的影响促成 1972 年联合国人类环境会议在瑞典斯德哥尔摩召开，会议主要议题即是环境保护，成为人类探索发展问题的重要一环。1972～1992 年，第二次绿色浪潮的主题是可持续发展，以《我们共同的未来》和《倍数 4》等著作为代表，促成 1992 年里约联合国环境与发展会议，可持续发展战略成为人类的普遍共识。1992～2012 年，第三次绿色浪潮的主题转向绿色经济，以联合国环境署的《全球绿色新政》《迈向绿色经济》等著作为代表，绿色经济理论提出了基于可持续发展的绿色思想，强调人类经济社会发展必须尊重地球边界和自然极限。2012 年以来，第四次绿色浪潮主题以中国提出的生态文明为引领。2016 年 5 月 23 日，在第二届联合国环境大会上，联合国环境署、中国环境保护部联合发布《绿水青山就是金山银山：中国生态文明战略与行动》报告，首次从联合国视角与世界分享中国绿色发展理念和生态文明战略，中国生态文明建设逐步引领世界绿色发展进程，以“绿水青山就是金山银山”为核心的绿色发展理念和生态文明战略在国际上的影响力逐渐增强。塞罕坝林场的建设者、浙江“千万工程”、互联网项目“蚂蚁森林”分别在 2017 年、2018 年和 2019 年获得联合国环境署“地球卫士奖”。

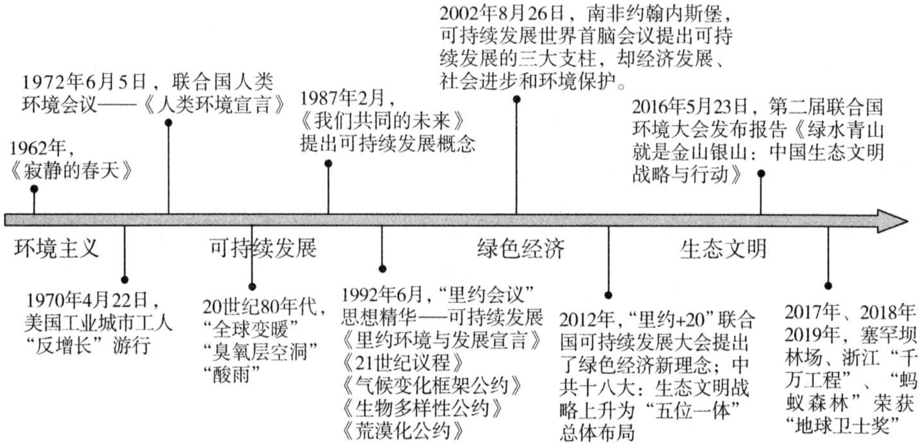

图 1-1 四次绿色发展浪潮

第二节 国内生态环境问题和风险应对

一、国内生态环境风险及应对

生态环境风险是指生态系统受到生态系统外的一切对生态系统构成威胁的要素的作用的可能性。[①] 威胁生态系统安全的要素包括来自自然的、社会经济活动的因素，以及人们的生产、生活活动。由于任何生态系统都不是封闭和静止的，而是开放和动态变化的，所以必然会受诸多不确定性和危害性因素的影

① 参见李捷：《学习习近平生态文明思想问答》，浙江人民出版社 2019 年版，第 134 页。

响，从而导致生态系统存在风险。例如，大气污染、水体污染和土壤污染等环境介质污染问题，水土流失、自然灾害、荒漠化、生态系统退化、海洋污染等自然环境破坏或退化问题以及农村环境问题、气候变化、环境污染事故、环境社会性群体事件等专项问题，都会对区域生态系统带来不同程度的损害，形成生态环境风险。

我国自然生态环境先天不足，生态环境系统整体相对脆弱。同时，在以往长期的经济高速发展过程中，主要依靠资源投入和规模效应，在生产前端是资源的过度消耗，生产的末端是污染物的过量排放，导致在生态环境方面积累了大量问题，从而在一定程度上形成了环境污染问题的高发态势，形成了不容忽视的生态环境风险。主要表现为以下五个方面：

第一，全国整体水资源紧缺，部分地区用水安全存在风险。我国人均水资源拥有量仅为世界平均水平的1/4，按国际标准，我国属于重度缺水国家。全国的水资源供需矛盾不断凸显，部分地区已接近或超过水资源开发的极限。

第二，耕地资源有限，能源和矿产资源短缺，耕地和能源安全存在风险。我国人均耕地面积较小，不到世界人均水平的一半。耕地质量不均衡，全国优质耕地比例不足30%，而中、低等级的耕地比例超过总耕地面积的70%。我国石油的对外依存度接近70%，能源安全存在风险。

第三，水资源、大气、土壤污染状况依然不容乐观。全国江河水系等地表水、地下水和饮用水出现安全问题，对于原本就紧缺的水资源问题无疑是雪上加霜。大气污染方面，雾霾和臭氧污染成为环境问题的风向标。同时，土壤污染潜在风险不断累积，部分地区土壤污染较重，耕地土壤环境质量堪忧，工矿业废弃地土壤环境问题突出。土壤中的污染物质通过食物链进入人体内，对人体健康造成极大危害。

第四，农村环境污染状况尚未得到彻底治理，具有潜在风险。部分农村地区还存在污水乱排、垃圾乱倒、粪土乱堆、柴草乱垛、畜禽乱跑等现象，农村地区地表水治理任务艰巨。

第五，生态系统受到过度开发造成了一定的风险。改革开放初期，随着城镇化建设对土地、矿产等资源的需求，曾经掠夺式的采石开矿、挖河取沙、毁田取土、荒坡垦殖、围湖造田、毁林开荒等行为大量存在，导致区域生态系统功能被严重损害，修复治理难度较大。

生态环境风险是一种潜在性的现实风险。只要措施及时得当，完全可以防患于未然，达到有效防范生态环境风险的目的。我们要“图之于未萌，虑之于未有”，始终保持高度警觉，防止各类生态环境风险积聚扩散，做好应对任何形式生态环境风险挑战的准备。一是注重制度防范，形成一整套有效防范生态环境风险的体制机制。二是注重管理防范，把生态环境风险纳入常态化管理，特别要健全生态环境风险监管体系，完善生态环境风险监管机制，提升生态环境风险监管能力，确保万无一失。三是注重过程防范，系统构建全过程、多层级生态环境风险防范体系，着力提升突发环境事件应急处置能力。四是注意重点防范，严控垃圾焚烧、对二甲苯（PX）等重点领域生态环境风险，加强核与辐射安全监管，推进“邻避”问题防范化解，破解涉环保项目“邻避”问题。

二、突出生态环境问题及应对

为了充分发挥生态文明建设在“五位一体”总体布局中的作用，从根本上解决严重影响经济与社会发展的问题，根据当前生态资源环境问题突出的阶段性特点，及时回应人民群众对留住绿水青山和蓝天白云的热切期盼，习近平总书记明确指出：“有利于百姓的事再小也要做，危害百姓的事再小也要除。打好污染防治攻坚战，就要打几场标志性的重大战役，集中力量攻克老百姓身边的突出生态环境问题。”[①] 党的十八大以来，着力解决老百姓身边的、反映强烈的突出生态环境问题成为加快推进生态文明建设的突破口，明确将集中力量攻克老百姓身边的突出生态环境问题作为民生优先领域，取得了一些明显的成效。

第一，针对大气污染严重这一突出生态环境问题，明确提出坚决打赢蓝天保卫战是生态环境治理的重中之重。以京津冀及周边、长三角、汾渭平原等重点区域为主战场，以空气质量相关指标明显改善为根本要求，强化区域联防联控。从调整产业结构、减少过剩和落后产能、增加新的增长动能等方面着力，推进产业转型升级和企业达标排放，降低重点行业污染物排放，实施火电钢铁等重点行业超低排放改造。基本消除了重污染天气，还老百姓蓝天白云、繁星闪烁。

第二，针对重污染天气、黑臭水体、垃圾围城等民心之痛、民生之患的突出生态环境问题，明确提出打一场污染防治攻坚的人民战争。老百姓对这些问题意见大、怨言多，如不及时、妥善解决将会严重影响人民群众生产和生活，甚至还会成为诱发社会不稳定的重要因素，所以必须要集中优势兵力，动员各方力量，群策群力、群防群治，解决好这些问题。

第三，针对部分企业技术装备严重落后、污染严重、管理混乱造成的突出生态环境问题，结合去产能等供给侧结构性改革，在全国展开针对“散乱污”

① 习近平：《推动我国生态文明建设迈上新台阶》，《求是》2019 年第 3 期。

企业的治理，通过关停取缔、整改提升和搬迁入园等方式，因地制宜地推进污染排放治理。

第四，调整能源结构，持续减少煤炭消费所占比重，加快推进清洁能源的发展。针对北方冬季大气污染严重的突出生态环境问题，明确提出坚持“因地制宜，多措并举”地推进北方地区冬季清洁取暖。

第五，针对公路运输污染严重的突出生态环境问题，明确提出要调整运输结构。主要措施为减少公路运输量，增加铁路运输量。此外，重点治理柴油货车污染，大力推进货运经营整合升级，提升运输效率。

第六，针对水源、水域、地下水污染严重的突出生态环境问题，明确提出深入实施水污染防治行动计划，重点打好水源地保护攻坚战、城市黑臭水体治理攻坚战、渤海综合治理攻坚战和长江保护修复攻坚战等水污染治理攻坚战，以严格的水源地保护措施来保障居民饮用水安全。城市黑臭水体基本消灭，清水绿岸、鱼翔浅底的景象得以再现。同时，加快补齐城镇污水收集和处理设施的短板，尽快实现城镇污水管网的全覆盖、全收集、全处理。

第七，针对土壤重金属污染、化学污染严重等突出的生态环境问题，明确提出全面落实土壤污染防治行动计划，推动制定和实施《土壤污染防治法》。在土壤污染防治方面，主要突出重点区域、重点行业和重点污染物，有效防范化解土壤污染造成的风险，以让老百姓“吃得放心，住得安心”为目标，加强土壤污染管控和土质修复。

第八，针对洋垃圾污染严重的突出生态环境问题，明确提出全面禁止洋垃圾入境，采取相关控制措施以减少进口固体废物的种类和数量。通过严格执法打击危险废物环境违法行为，以坚决遏制住危险废物的非法转移、倾倒、利用和处理处置的现象，避免形成巨大风险。

第九，针对农村环境中存在的突出生态环境问题，要做好两方面的工作：一是调整农业投入结构，通过减少化肥、农药使用量和增加有机肥的使用量控制农业面源污染，完善废旧地膜回收处理；二是持续开展农村人居环境整治，基本解决农村的生活垃圾、生活污水和厕所问题，通过打造美丽庭院、美丽乡村等活动的持续开展，为老百姓留住鸟语花香的田园风光。

第十，针对生态环境治理松懈的突出问题，明确提出要严格管控生态保护红线，在生态环境治理和修复过程中，加强对“山水林田湖草”生态系统保护和修复的事前、事中、事后的全过程监管。生态环境治理修复的关键在于处理好污染防治与生态保护二者的关系。环境污染防治可以被看作“分子”，而生态保护可以被看作“分母”，做好生态环境保护工作，一方面要对“分子”做好减法，即降低污染物排放量；另一方面，要对“分母”做好加法，即扩大生态环境容量，以促进二者协同发力。

三、生态文明建设的基本国情

当下，我国在生态文明建设上的基本情况不容乐观。我国在现代化建设上起步晚，人口压力大，自然资源和自然环境的潜力和承载能力有限。主要的发展压力长期集中在东部沿海地区，国土布局很不均衡，不尽合理。这一基本国情，决定了我国环境容量有限，生态系统比较脆弱，环境污染较重、造成的损失较大、风险较高等生态环境状况还没有根本扭转。而且，我国独特的地理环境加剧了地区间的不平衡。在著名的“胡焕庸线”的东南方，以平原、水网、低山丘陵和喀斯特地貌为主的43%的国土上居住着全国94%左右的人口，人口和社会经济活动的密度大，生态环境压力巨大；而在“胡焕庸线”西北方，以草原、戈壁沙漠、绿洲和雪域高原为主的57%的国土上，仅供养着大约6%的全国人口，表明这些地区生态系统是极其脆弱的，不适合大规模开发利用。

党的十八大以来，经过不懈努力，我国生态环境质量持续改善。我国深入实施了三大行动计划，分别对大气、水、土壤污染问题发起攻坚战，成为第一个大规模开展PM2.5治理的发展中大国，在大气环境治理上取得了明显效果：以2013年数据为基数，2017年全国338个地级及以上城市可吸入颗粒物（PM10）的平均浓度下降了22.7%。在水污染治理方面，地表水国控断面中Ⅰ～Ⅲ类水体比例增加到67.9%，劣Ⅴ类水体比例下降到8.3%。我国率先发布《中国落实2030年可持续发展议程国别方案》，并组织编印了《国家应对气候变化规划（2014～2020年）》，向联合国交存《巴黎协定》批准文书。通过各种措施联合发力，我们在补齐生态环境短板，打好污染防治攻坚战方面作出了卓有成效的努力，推动生态环境质量有所改善，取得了显著成绩。然而，我们还应清醒地认识到，当前我国生态文明建设仍然面临较大的挑战和较为突出的矛盾，推进生态文明建设的形势仍然十分严峻。

总体来说，我国生态文明建设短板很多，基础脆弱，只有在现有取得明显进展和成效的基础上，毫不松懈，久久为功，长期奋斗，才能从根本上扭转生态环境继续恶化的趋势。从国际经验看，生态环境已成为全球治理中刻不容缓的突出问题。人类自从进入工业文明以来，由于传统工业化的迅速发展，工业经济在创造物质财富的同时，对自然资源的开发利用打破了生态系统本身的循环和平衡，从而凸显了人与自然的矛盾。20世纪30年代以来，发生在发达国家的多起环境公害事件震惊世界，在国际上形成了巨大的影响和损失，引发了人们对传统工业化发展模式的深刻反思。当前，在200多年的现代化进程中，已经完成了工业化的国家不超过30个，其覆盖的人口不超过10亿。在全球生态环境问题和资源约束对经济发展的制约越来越明显的今天，尚处在工业化进程中的发展中国家以什么样的方式实现现代化？这需要探索一条全新的、不同于发达国家的工业化道路。所以，在我们这个超过14亿人口的最大的发展中国家推进生态文明建设，探索实践一条绿色发展之路，建成富强、民主、文明、和谐、美丽的社会主义现代化强国，其影响将是世界性的。

从我国生态文明建设的现状来看，经过十八大以来的持续努力和攻坚，我国生态环境恶化趋势得到了一定程度的遏制，生态环境质量有所好转；但是当前所取得的成效还不稳固，在生态环境污染防治和生态治理方面，稍有松懈就有可能出现反复。同时，随着我国社会主要矛盾的转化，人民群众对优美生态环境的需要已经成为社会主要矛盾的重要方面，人民群众对于加快提高生态环境质量抱有热切的期盼。人心是最大的政治，解决人民最关心、最直接、最现实的利益问题是执政党的使命所在，是我们党的奋斗目标。首先，要积极回应人民群众的所急所盼，持续推进生态环境治理，为人民群众提供更多的优质生态产品，不断满足人民群众的优美生态环境需要。其次，全党和全国人民对于保护生态环境务必坚定信念，要坚决摒弃传统忽视生态环境的发展模式和增长方式，不能牺牲生态环境质量而促进经济增长。要坚定推进绿色发展，以严格的生态环境保护推动自然资本大量增值，让良好生态环境成为人民福祉的增长点、成为展现我国良好形象的发力点。让老百姓呼吸上新鲜的空气，喝上干净的水，吃上放心的食物，生活在宜居的环境中，切实感受到经济发展带来的实实在在的环境效益，让中华大地“天更蓝，山更绿，水更清，环境更优美”，弘扬传统生态智慧、坚定文化和制度自信、坚持中国特色道路，走向生态文明新时代。

第三节　新时代人民生态环境需求

一、良好生态环境具有多元的价值体现

生态环境不仅具有生态价值，同时也具有经济价值、社会价值、美学价值、科学研究等多种价值，构成生态环境的多元的价值体系。在生态环境和自然资源的保护和开发过程中，必须要充分考虑生态环境和自然资源的多元价值，以充分保护为开发利用的前提。

首先，生态环境是有价值的，生态环境价值论是从生态学的角度对传统的

价值论进行反思，在新的自然科学基础上发展而成的新的价值观。它从价值论出发，将整个人类生态系统、生态环境和生态要素等综合考虑，然后对生态环境的保护提出建设性的意见或者参考，使人类社会可持续发展。所谓生态环境价值，就是指由于人与周围的生态环境具有本源性和本然性的联系，因此人与周围的生态环境所构成的生态环境系统所具有的自身内在的有机价值。① 生态环境本身就具有维持生命、调节生态平衡和消化废弃物的功能，也正是因为具有这样的生态价值，所以生态环境对于人类生活及生物界所有生物的生存都是必不可少的，这就是生态环境本身的价值。自然资源作为生态环境中最重要的要素之一，同样具有这样的生态价值。其次，生态环境和自然资源除了具有经济价值、生态价值之外，还具有美学价值和科学研究价值。优美的生态环境中有很多资源具有审美意义，除了其本身的生态价值和经济价值之外，美学价值也不可忽视。总之，在生态文明建设和生态环境保护工作中，要充分考虑生态环境和自然资源本身所具有的多元价值，并将这些价值积极发挥、充分利用，以更好地满足人民对于良好生态环境的期待和需求。

二、优美生态环境是高品质生活的需要

“为中国人民谋幸福，为中华民族谋复兴”是中国共产党成立一百年来的初心使命。2021 年 2 月 20 日，习近平总书记在党史学习教育动员大会上发表重要讲话时进一步指出：“我们党的百年历史，就是一部践行党的初心使命的历史，就是一部党与人民心连心、同呼吸、共命运的历史……历史充分证明，江山就是人民，人民就是江山，人心向背关系党的生死存亡。”② 一百年前，中华民族处于危难之中，最大的梦想是求得独立和解放，中国共产党成立之初虽然力量还比较弱小，但代表着中华民族的整体利益，坚定地担负起争取民族独立和人民解放的大任，为推翻压在人民头上的“三座大山”、求得民族独立和自由而奋勇斗争、前赴后继；在社会主义建设初期，国家发展基础非常薄弱，物质严重不足，社会发展和人民生活最迫切的需要是大力发展生产力，建立起以公有制为主体的社会主义经济体系，主要奋斗目标为解决人民温饱问题。改革开放以来，为切实现国家的繁荣富强和人民的共同富裕，党领导全国人民开始了艰苦卓绝的探索和奋斗历程，经过四十多年的改革开放，人民的生活质量有了质的飞跃，开始追求有品质、有品位的生活。

---

① 参见岳友熙：《生态环境美学的价值论基础》，《西北师范大学学报》（社会科学版）2010 年第 6 期。

② 习近平：《在党史学习教育动员大会上的讲话》，新华网，2021 年 3 月 31 日，http：//www. xinhua-net. com/politics/leaders/2021-03/31/c _ 1127278288. htm。

进入新时代，人民群众美好生活需要从一般物质需求转为高质量的物质、文化、生态、教育等多方面立体需求，特别是对安全的食品、优美的环境和高质量生态产品的需求与日俱增，高品质生活成为人民群众美好生活的新需要、新追求，创造高品质生活是新阶段党的民生宗旨的具体内容。在全面建成小康社会的基础上增进民生福祉，特别是在城镇化推进到一定程度时，城镇居民对于自然和生态的需求更加凸显，良好的生态环境不仅为人类提供生存所必需的物质基础，而且丰富人的精神世界，是人类精神家园的重要依托。大自然自古以来就是人的精神寄托和精神升华的场景，优美的生态环境触发思想、寄托情思、表明心志，在新时代同样成为高品质生活的重要元素。

三、提供优质生态产品，增进民生福祉

发展的初衷是让人们过上幸福生活。创造高品质生活，满足人的多元化生活需求特别是对良好生态环境和生态产品的需求，必须坚持生态优先，推进高质量发展。在传统“大量消耗、大量生产、大量消费”的发展模式下，经济发展依靠资源、资本投入和科技进步，但所遵循的规律往往是物理学、化学、生物学和经济学规律，而忽视了生态学规律，造成了资源能源的大量消耗和污染物的大量排放，为生态环境带来沉重负担。新阶段践行民生宗旨，满足人民美好生活需求，创造高品质生活，提供良好的生态环境和生态产品，必然要求我们高度重视生态保护，坚持生态优先，把生态保护作为一切工作的前提。

2016 年 3 月 10 日，习近平总书记在“两会”期间参加青海代表团审议时强调：“一定要生态保护优先，扎扎实实推进生态环境保护，像保护眼睛一样保护生态环境，像对待生命一样对待生态环境，推动形成绿色发展方式和生活方式，保护好三江源，保护好‘中华水塔’，确保‘一江清水向东流’。”[①] 把生态环境比作人的眼睛和生命，突出了生态环境的价值和意义。2019 年 3 月 5 日，习近平总书记在“两会”期间参加内蒙古代表团审议时再次强调：“要贯彻新发展理念，统筹好经济发展和生态环境保护建设的关系，努力探索出一条符合战略定位、体现内蒙古特色，以生态优先、绿色发展为导向的高质量发展新路子。”[②] 2021 年 3 月 5 日，习近平总书记在参加“两会”期间内蒙古代表团审议时强调，新发展理念是一个整体，必须完整、准确、全面理解和贯彻，

① 《青海玉树　抢抓机遇　务实有为　奋力开创水利事业新篇章》，《中国水利》2016 年第 24 期。

② 《习近平参加内蒙古代表团审议》，新华网，2019 年 3 月 5 日，http://www.xinhuanet.com/politics/2019lh/2019-03/05/c_1124197105.htm。

着力服务和融入新发展格局。[1] 这些重要论述，以增进民生福祉为基本出发点，既强调了坚持生态优先，推进高质量发展的重要性，又指明了高质量发展必须坚持的理念和方向。新阶段践行党的民生宗旨具体内容要体现在创造高品质生活中，不仅要着力补齐民生短板、破解民生难题、保护生态环境、满足人的生存需求，更要着力提高全体人民的生活品质。“环境就是民生，青山就是美丽，蓝天也是幸福。”[2] 只有坚持生态优先的原则，提高发展的质量和效益，提供良好的生态环境和丰富的生态产品，满足人们对生态审美和生态产品需求，才能推进高质量发展，持续增进民生福祉。

第四节　人类社会发展呼唤新文明

2021 年 7 月 1 日，习近平总书记在庆祝中国共产党成立 100 周年大会上的讲话中指出：“我们坚持和发展中国特色社会主义，推动物质文明、政治文明、精神文明、社会文明、生态文明协调发展，创造了中国式现代化新道路，创造了人类文明新形态。”[3] “创造了人类文明新形态”是中国共产党坚持马克思主义中国化、坚持中国特色社会主义道路，在协调推进“五位一体”总体布局中取得的关于物质文明、政治文明、精神文明、社会文明和生态文明协调发展的重要成果，是“五个文明”融为一体的人类文明新形态。其中，生态文明是继原始文明、农业文明、工业文明之后的新的文明形式，是人与自然、人与社会和谐共生及可持续发展的人类文明形态，也是人类文明新形态中最具时代特色和中国特色的文明形式。

一、人类文明与价值追求

文明是指人类超越了非人动物的生存方式。历史学、人类学、考古学等学科中所说的“文明”是指广义的文明，即指一个民族、族群乃至全人类整体性地超越了非人动物的生存方式。如历史学家所谈的玛雅文明、古埃及文明等就

① 参见《习近平参加内蒙古代表团审议》，新华网，2021 年 3 月 5 日，http://www.xinhuanet.com/politics/leaders/2021-03/05/c_1127174574.htm。

② 习近平：《在省部级主要领导干部学习贯彻党的十八届五中全会精神专题研讨班上的讲话》，人民出版社 2016 年版，第 19 页。

③ 习近平：《在庆祝中国共产党成立 100 周年大会上的讲话》，新华网，2021 年 7 月 1 日，http://www.xinhuanet.com/2021-07/01/c_1127615334.htm。

是这种意义上的文明，这时，“文明”与广义的“文化”内涵相同。通常学者所认为的广义的“文化”内涵有三个维度，即器物层面、制度层面和观念层面。美国学者J. C. 莫文（John C. Mowen）和M. S. 迈纳（Michael S. Minor）认为文化的内涵分为物质环境、制度或社会环境和文化价值三个维度。①其中，在物质环境层面，主要包括科技发展水平、自然资源状况、自然地理条件和经济社会发展水平等；在制度或社会环境层面，主要包括法律、政治、商业、宗教等；在文化价值层面，不同的文化有不同的文化价值，例如美国的文化价值就包括个人主义、成就感、不拘礼节、平等、进步、物质主义等。

我们今天常说，生态文明是人与自然协同进化的文明，是人与非人自然物和谐共生的文明。但从生物学和生态学的视角看，在没有人类文明之前，地球生物圈早已生机盎然。生态学家认为，如果没有人类，地球生物圈会更加健康，更加生机勃勃，因为长期以来人类活动造成了严重的生态破坏。而非人动物本能地遵循着自然规律和生态法则，因此，不会丝毫偏离其在生态系统中的角色。

人之所以为人，恰在于人类对非人动物的生存方式的超越，即当人类能利用工具或技术改造自然环境时，才成为真正的人，才进入文明。人类最早使用的、对自然环境影响较大的技术就是用火的技术。从生态学的角度看，“火的使用也很早为人与自然的交往打上了一种主动的甚至是带有侵略性的烙印”②。由此可见，人类文明自诞生之日起就具有破坏自然环境的倾向。换言之，在人类文明与地球生态健康之间始终存在着一种张力，从生态学的角度看，人类文明的发展对于自然生态系统始终是有风险的。

在人类200万年的发展过程中，除了近代的这几千年外，一直是通过采集食物和猎取动物的方式来获取生存资料的。在这漫长的采集、渔猎阶段，人们所结成的群体是小规模的、移动的群体。从生态学的角度看，这是人类采取的“最为成功、最具灵活性，也是对自然生态系统损害最小的生存方式”③。采集、渔猎文明属于原始文明，在这一阶段，人类只能捕获生态系统中的一小部分作为食物供自己消费。自然界对人类的承载力与对其他动物的承载力大致一样，人类的数量始终没有超过其他动物的数量。人类在自身生活的生态系统中

---

① John C. Mowen and Michael S. , Minor, *Consumer Behavior*: *A Frame-work*, Tsinghua University Press, 2004, p. 266.

② ［德］约阿希姆·拉德卡：《自然与权力——世界环境史》，王国豫、付天海译，河北大学出版社2004年版，第50页。

③ ［英］克莱夫·庞廷：《绿色世界史——环境与伟大文明的衰落》，王毅、张学广译，上海人民出版社2002年版，第21页。

消耗的生物生产量可能只占生物生产总量的0.1%。[①] 这表明，处于原始文明时期的人类与非人动物的区别还很小，不会对生态环境造成明显的影响。

农业革命改变了原始文明的一切，它使人们能够创建自己的小型生态系统来生产粮食。经过农业革命，人类开始具备了走向高级文明的条件。高级文明是人口数量比原始文明多，社会制度和组织比原始社会复杂，技术比采集、渔猎技术发达的文明。我们可把“轴心时代”（公元前800～前200年）的中华文明和古希腊文明看作早期的高级文明。高级文明的典型标志是出现了较为系统的意识形态或思想体系，意识形态的基本功能是指引人们的价值追求并指导社会制度的建构。如果我们像日本学者福泽渝吉那样把文明归结为“智”和“德”这两个方面，那么高级文明就是“智”和“德”都发展到较高水平的文明。“智”，典型地体现为技术和工具。高级文明已拥有较高水平的技术和工具，例如在此阶段人类已经开始使用铁器，而原始文明时期通常只有石器。“德”，既可体现于礼乐制度，又可体现为人的德行和智慧，特别是体现为各行各业精英们的德行和智慧，尤其是政治精英的德行和智慧。高级文明已形成了复杂的典章制度和较为复杂的、由众多人组成的组织，并产生领导复杂组织的领导者，形成组织机构和相应的运行体制。

如果说原始文明已处于与地球生态健康之间的张力之中，那么进入高级文明之后，这种张力就随着文化和技术的发展而日益增大。人口的增多、物质欲望的提高和技术的进步都会加大人类对自然环境的改造力度，从而加剧人类对生态健康的破坏程度。越是接近原始文明的族群对自然环境的破坏越弱，越是发达的文明对自然环境的破坏越强。到20世纪，地球上仍然存在一些过着很原始的生活的族群，他们亲近自然，生活简朴，其生产生活方式比较符合生态法则，有很多值得现代人学习的优点，研究他们的文化和生产生活方式对于我们纠正错误、谋求可持续发展具有很重要的意义。一般而言，文明不可能停留于原始阶段，它必须发展。汤因比认为，原始社会算不上文明，只有脱离原始社会进入高级阶段的社会才算文明。但考古学家和人类学家通常认为原始社会是处于原始文明阶段，而农业文明和工业文明则是高级文明阶段。

人之所以为人，正因其一定要改变环境、追求理想，一定要创新，高级文明的人尤其如此。然而，人毕竟具有动物性，动物性决定了人的有限性，人的寿命是有限的，智慧是有限的，认识自然规律和改变环境的能力是有限的，制造发明的能力也是有限的。但文化和文明又使人具备了追求无限的可能性，所

① 参见［英］杰拉尔德·G. 马尔腾：《人类生态学——可持续发展的基本概念》，顾朝林、袁晓辉等译，商务印书馆2012年版，第29页。

以，人是追求无限的有限存在者。追求无限即永不知足、永无止境地追求自己所认定的某些价值。这种无限的追求在精英人物身上体现得尤为典型。例如，杰出政治家对权力的追求是永不知足的，富商巨贾对财富的追求是永不知足的，大科学家对自然奥秘的探究和对知识的追求亦是永不知足的……人的有限性决定他必须有所不为，人对无限的追求决定了他必然永不止息、死而后已地有所为，有限性决定了他必须在许多方面知足，对无限的追求又决定了他必然在某些方面不知足。一种高级文明要求人们在哪些方面知足，激励人们在哪些方面不知足，决定了这种文明能否可持续发展。①

按照价值的依附，人类所追求的价值可以分为两类，即物质价值和非物质价值。食品、衣服、房舍、汽车、飞机、珠宝等，主要因其有形的物质形态而为人们所珍视、追求，此类物品的价值就是物质价值。亲情、友情、爱情、知识、艺术、快乐、幸福、德行、智慧、境界等也为人们所珍视和追求，然而这些价值都不是物质形态的，故可称之为“非物质价值”。当然，非物质价值必须依托于物质，如一本名著的价值必须以纸质书或电子书的形式而得以表现。

绝大部分前现代思想家都劝诫人们，对物质价值的追求应该知足，对某些非物质价值的追求则应永不止息、死而后已。与此相应，所有的前现代社会制度都不激励大众永不知足地追求物质财富，制度的设计不容许劳动者有多余的财富，不容许劳苦大众奢侈消费。而与之对应的前现代社会的意识形态和制度都抑制平民大众的物质欲望。虽然这些制度和意识特征在客观上与前现代文明的技术不发达有关，然而却暗合了生态法则。

现代工业文明一反前现代文明的价值导向，非但不再抑制大众的物质欲望，而且以其意识形态、制度和媒体不断激励大众的物质欲望。它激励所有人都永不知足地追求物质财富，却不再激励人们无限地追求德行、境界、智慧等非物质价值。这种价值导向促使工业化的生产方式和生活方式均陷入了“大量生产、大量消费、大量排放”的恶性循环而不能自拔，从而造成更为严峻的生态环境危机，这也决定了工业文明粗放发展方式的不可持续性。

从文明的历史演进来看，相对于农业文明而言，工业文明是更高水平的文明，而原始文明无疑是最能与地球生物圈协同进化的文明。如果只考虑与地球生物圈的健康相协调，则最好回到原始文明。但文明是一定要发展的，我们不可能由现代工业文明退回到原始文明，我们甚至不可能回到前现代的农业文明。我们需要在工业文明积累的发展成果基础上批判地继承，克服工业文明的致命弊端，从而走向一种更高水平的文明。如果说生态文明是人类超越工业文

① 参见卢风：《生态文明与美丽中国》，北京师范大学出版社2019年版，第121页。

明的必由之路，那么生态文明必将是一种以生态学和生态哲学为思想指南、继承了工业文明的一切积极成果而与地球生物圈协调共生的真正可持续的文明，是比工业文明更高级的文明。

二、人类文明的发展阶段

在人类所处的不同文明阶段中，需要处理的最基本的关系便是人与自然的关系。人类赖以生存的基本条件是自然生态环境，而人类的生活方式又会对自然生态环境产生重要影响。以我们对宇宙世界的认识，气候温和、环境优美的地球依旧是目前所知的最适宜人类生存发展的星球，其独特的生态环境构成了人类存在的基础和前提条件。人与自然的关系就像恩格斯所强调的："人本身是自然界的产物，是在自己所处的环境中并且和这个环境一起发展起来的。"① 近代以来，许多学者从不同的角度分析、探讨人与自然的关系。例如，黄承梁认为，"人与自然是共生共荣的有机整体，自然界是人类生活之源，人靠自然界来生活，人与自然之间有着密切的生存依赖关系"②。人是自然界的一部分，自然界是人类生活资料的主要来源，人的生活方式是建立在物质资料基础之上的，必然以生态环境为前提。从这个意义上说，生态环境构成了人的存在和发展的自然基础。自然界的优先性和生态环境的基础性，决定了人的生存和发展离不开生态环境。这些论述揭示了生态环境与生活方式的内在关系。

生活方式是人们在长期生活过程中所形成的稳定的生活模式和态度。"环境的改变和人的活动或自我改变的一致，只能被看作是并合理地理解为革命的实践。"③ 生活方式是一个历史范畴，具有鲜明的时代性。在人类社会发展的进程中，生活方式总是随着生产力水平和生产关系的不断变化而呈现出动态发展的趋势。人们的生活方式虽然以生态环境为基础，但并非消极被动地接受自然的塑造和影响，而是对生态环境具有能动的反作用，具体表现在生活方式对生态环境的影响中。④ 人类在地球上自诞生以来，从弱小到强大，逐渐成为一个不可忽视的影响地球自然生态环境的重要因素。其对环境影响的破坏性作用也呈现出加速的趋势。

按照人类社会中人与自然界之间物质依存与获取方式的不同，人类社会文明开启于原始文明，其间经历了农业文明、工业文明，现在处于由工业文明向

---

① 《马克思恩格斯选集》第3卷，人民出版社2012年版，第410页。

② 黄承梁：《生态文明型生活方式才最时尚》，《人民日报》（海外版），2013年2月22日。

③ 《马克思恩格斯文集》第1卷，人民出版社2009年版，第161页。

④ 崔龙燕、石秀秀、黄娟：《对消费主义生活方式的生态批判》，《郑州轻工业学院学报》（社会科学版）2018年第6期。

生态文明的过渡阶段。不同的文明阶段形成了不同的生活方式，不同的生活方式又对生态环境产生不同的影响。与刀耕火种的生产方式相联系的，是原始文明阶段的生活方式；与自然经济相联系的，是农业文明阶段的生活方式；而工业文明阶段创造了巨大的生产力，使人们的生活由温饱型进入到富足型。[①] 原始文明中人类对自然规律的认识非常有限，对待自然的态度是敬畏自然和依赖自然，人类活动对生态环境的影响微乎其微。

人类进入农业文明阶段后，以农耕和畜牧活动为主的生产方式带来了人类历史的重大转折，人类社会的发展方向转为农业生产、定居生活和社会生产分工。相对于原始文明，农业文明时期的最大变化一是人口的增长，二是人们得以实现了定居生活。为了满足农业文明阶段社会发展的需要，人类选择生态环境良好、适合生活居住的地方，点起熊熊大火焚毁森林，将其变成可供耕作的农田。人类不再听天由命地匍匐于自然的脚下，他们通过改变自然，创造了不断增长的财富，创造了日益舒适的生活，同时过度放牧与耕种也带来了水土流失。农业文明阶段人类的生活方式建立在对土地的充分利用和拓荒垦种的基础上，对生态系统造成一定程度的破坏。以小麦和山羊的起源地中东的巴比伦农业文明为例，在公元前 4000 年到前 3000 年之间，那时的美索不达米亚平原还被茂盛的森林所覆盖。苏美尔人具有高级的社会组织和技术，标志着他们在两河流域实现了“早期高度文明”，而且这种文明形式不断向周围扩展，逐渐发展成为灿烂的巴比伦文明。从发掘的宫殿遗址和出土的文物都可以看到它曾经的辉煌和精美，并且有自己的文字和艺术。但是，随着生态环境的退化，这一切最终沦为废墟，完全销声匿迹，巴比伦文明也完全中断了。

人们普遍认为，两河文明灭绝的重要内因是过度的农业开发，土地资源的过度利用恶化了先天不足的生态环境。关于这个文明和周边类似文明的毁灭，恩格斯在《自然辩证法》中写道：“美索不达米亚、希腊、小亚细亚以及其他各地的居民，为了想要得到耕地，把森林都砍完了，但是他们想不到，这些地方今天竟因此成为荒芜不毛之地。因为他们把森林砍完之后，水分积聚和存储的中心也不存在了。阿尔卑斯山的意大利人，因为要十分细心地培育该山北坡上的松林，而把南坡上的森林砍光了，他们预料不到一次却把他们区域里的高山畜牧业的基础给毁灭了，他们更预料不到这样做就使山泉在一年中的大部分时间都枯竭了，而且雨季又使洪水倾泻到盆地上去。西班牙的种植场主为了得到咖啡树的肥料，焚烧了山坡上的森林，但大雨却冲掉了沃土只剩下赤裸的岩石。种种农业文明的异化行为都在一定程度上加剧了农业生态的退化，生态的

① 参见方世南：《生态文明与现代生活方式的科学建构》，《学术研究》2003 年第 7 期。

退化反过来加速了农业文明的衰败。”①

在早期的农业文明中，中华文明一枝独秀，绵延至今。主要原因在于：一是人类所掌握的破坏地球的能力还相当有限，破坏行为还没有危及地球自身的生态平衡；二是人类的人口数量还没有超过地球的承载极限；三是人类还没有形成明确的征服自然的统治自然的观念。现在看来，中国农业文明阶段较长，创造了繁荣的农耕文化，在一定程度上受到中华传统哲学中“天人合一”等观点的影响，且被证实是对自然资源保护有效且开发掠夺速度较慢的一种发展模式。以农业文明阶段中国传统的、生态友好的生产方式来发展经济，虽然不能创造出庞大的生产力，却也不会像资本主义的生产方式那样形成破坏环境、吞噬自然的强大力量。农业技术的发展让人类从采集、渔猎中解放了出来，获得了相对有保障的食物来源，创造了辉煌的农业文明。然而，由于区域生态环境的破坏，历史上多数农业文明皆发生过断层。虽然中国的农业文明由于得天独厚的条件得到延续，但是由于生态环境的改变也曾迫使中国政治文化中心发生迁移。因此，我们需要对生态环境倍加珍惜。

三、工业文明的主要矛盾

人类工业文明的开端，是从1765年英国的哈格里夫斯发明的珍妮纺纱机的出现为显著标志。“珍妮机”一次可以纺出多根棉线，极大地提高了生产率。18世纪中叶，英国人瓦特改良蒸汽机之后，由此引发的一系列技术革命催生了手工劳动向机器生产转变的重大飞跃。之后，工业革命传播到英格兰再到整个欧洲大陆，又在19世纪传播到美洲。随着工业革命传播到世界各国，工业革命通过蒸汽和电力推动的机器，大大提高了人的劳动效率，增强了人的开发能力，人类社会的物质生产得到极大飞跃，市场经济高度发达，资本主义得到巩固和发展。

在工业文明时代，人类在利用自然服务于自身需求和发展方面取得了光辉灿烂的成就，人们在物质、精神生活方面得到了改善和发展，科学技术产生了巨大飞跃，生产力得到空前的提高。随着人类认识自然、改造自然能力的提高，人类中心主义逐渐形成，认为人类已经完全掌握了自然规律和改变命运的能力，遂全面遵循野蛮的丛林法则发展工业文明。相对于大自然的野蛮和无情，工业文明的发展给人类带来的并不仅是物质的丰富和精神的繁荣，回顾历史我们就可以清楚地看到其反文明的另一面：战争的灾难和与生态危机。

① 恩格斯：《自然辩证法》，人民出版社2018年版，第313页。

工业文明发展中反文明的一面，首先表现出来的便是战争的灾难。18 世纪发生在英国的第一次工业革命以及一直延续到今天的历次工业革命，为人类提供了更全面、更先进的科学技术，极大地增强了人类征服自然和改造自然的能力。但是工业文明进程中，先期进入工业化的国家为掠夺资源对落后的农业国家进行了疯狂的入侵和殖民。如在 1900 年左右，世界上很多国家都是英国的殖民地，使英国号称“日不落帝国”。英国、德国、法国、意大利等发达国家为了掠夺资源瓜分了世界，进而引发了第一次和第二次世界大战，给世界带来了深重的灾难。第二次世界大战之后，主要国家通过成立联合国，维护世界和平，主张国家间的平等，力图摆脱殖民主义的阴霾，避免第三次世界大战的发生。

工业文明的发展所带来的反文明的一面，还突出地表现在越来越严峻的生态危机上。在资本主义生产方式下，追求利润是工业生产的首要目标，各国不惜一切自然资源和生态环境代价，一心追求本国的经济增长，毫不关心世界上绝大多数人的长远利益和自然界其他物种的生存权利。然而迅猛经济增长的背后，意味着迅速的资源能源消耗和大量的污染物排放，最终导致自然资源枯竭、生态环境急剧恶化，造成生态环境风险和危机。第二次世界大战之后，经济发展环境得到稳定，人民生活稳定改善，发达国家一片欣欣向荣。但随着工业快速发展而来的，便是对环境的严重破坏。20 世纪 50 年代以来，发达国家环境污染严重，生态环境问题不断涌现，其中最著名的便是“八大公害事件”，这些公害事件的惨痛教训，成为我们的前车之鉴。

工业文明时期，以“高消耗、高污染、高浪费、高消费”为特征的生活方式占据了主流，给生态环境带来巨大灾难，导致了严重的生态危机。当人与自然的和谐关系破裂之后，人类将真正开始面临灾难，如大气污染、地表河流和地下水体污染、土壤污染等，每一次生态环境污染事件都是大自然敲响的一声声警钟。如果说以往的生态环境问题是局部发生的并可以逆转的话，那么现代意义上的生态环境问题已经远远超过了自然可以承受的极限，使人与自然的关系具有了对抗性，而且和原始文明、农业文明时代不同的是，工业文明在经济大发展的同时所带来的环境问题具有全球性、整体性和持续性的特点。

现代工业文明虽然依然是支撑世界经济发展的支柱，但是它已经走到了衰落的拐点，而且开始由生态危机转向社会危机。工业文明的基础支撑资源是煤炭、石油、铜铁等不可再生资源，其生产特点表现为高污染、高消耗、大规模的粗放式利用。支撑工业文明的资源已经被消耗过多，或濒于枯竭，而且工业文明生产方式下的地球生态环境也被破坏殆尽。工业文明无节制地刺激人类的物质追求，已使人类的物质欲望到了永无止境的地步，但自然生态环境资源和容量都是有限的，对人类物质需求的满足能力终究也是有限的。在传统工业化模式下，倘若世界所有人口的生活水平都达到发达国家的程度，必将导致地球资源的枯竭和生态环境的崩溃。

工业文明最显著的特征就是其物质生产的高效率和高水平。在技术上，工业文明走过了机械化—电气化—自动化的历程，如今正呈现智能化的发展趋势。在欧洲殖民时期，或在欧美工业化早期，工业文明曾带来了对所谓“落后民族”的掠夺、杀戮、欺凌、压迫和剥削，导致了两次世界大战。但第二次世界大战之后，工业文明的发展在人类共同体内部亦展现了较多的积极成果。例如，由于物质丰富，发达国家几乎已没有人再忍饥受冻，“冷战”结束后，一些采纳了市场经济的国家，也可望逐渐战胜贫困。如果国际秩序进一步调整，还可望帮助非洲逐渐战胜贫困。这与古代社会大灾之年饿殍遍野、人与人易子而食的惨状形成鲜明对比。然而，粗放增长的现代工业在使人类摆脱贫困的同时，也使人类深陷生态危机。现代工业之所以导致了空前的环境污染，因为工业文明阶段粗放发展在大量生产、大量消费的过程中必须大量使用矿物能源和各种资源，还因为在无止境地追求财富的过程中，人类过多挤占了野生动植物的生存空间，即过度开发土地（包括大量的荒野地）。于是，现代工业的全球扩张导致了全球性的环境污染、气候变化和生态破坏，使人类文明面临崩溃和灭亡的深重危机，即陷入不可持续发展的危险境地。极端生态主义者认为，工业与生态保护是彼此冲突的。工业生产的根本特征就是标准化、高效率、大批量，即工业生产必然是不断增长的大量生产。资本推动下的大量生产必然要求全民大量消费，于是在市场经济条件下，制度和媒体都必然激励人们大量消费。因为只有这样，大量生产出来的商品才能卖得出去，资本才能周转、流通，经济才能增长，企业家、金融家以及普通股民在内的资本持有者的资本才能增殖。根据现代主要以经济指标为度量要素的发展观，似乎也只有这样才能最终使贫困人口趋于消失，即让所有人都拥有超过贫困线的收入，过上体面的生活。

四、生态文明的时代课题

面对被破坏的生态环境，各国在保护生态的问题上采取应对措施已刻不容缓。而在中国这个拥有 14 亿多人口的发展中国家建设生态文明，在当前资源环境约束条件下探索出中国特色的生态保护和经济发展相互支撑、相互协调的现代化道路，促进“人类文明新形态”的发展演进，需要从理论和实践中系统研究、探索以下相关时代课题。

（一）关于人与自然关系的理论认识和把握

从理论上讲，生态文明所要解决的核心问题是如何认识和把握人与自然之间的关系问题。为了在人与自然关系上得出正确的合乎客观规律的认识，人类经历了漫长的历程。马克思主义关于人与自然的关系有许多深刻的论述。2018年5月4日，习近平总书记在纪念马克思诞辰200周年大会上的讲话中指出："学习马克思，就要学习和实践马克思主义关于人与自然关系的思想。"[①] 讲话揭示了习近平生态文明思想对马克思主义关于人和自然关系认识的丰富和发展。这里需要指出的是，理论的源泉是实践，理论的发展也离不开实践。在马克思主义经典作家生活的年代，生态文明建设方面的正反两方面实践，远没有当代这样丰富。更何况，对于社会主义条件下的生态文明建设，在那时还缺乏实践，不可能作出详尽的研究和论述。因此，我们在学习马克思主义经典作家有关生态文明的论述时，一方面为他们的远见卓识所折服；另一方面在不苛责前人的同时，又需要立足于当代的新问题、新实践和新发展，用发展的眼光看问题，这才是马克思主义最基本的立场、观点和方法。习近平生态文明思想在以下几方面回答了怎样看待人与自然的关系，如何正确处理人与自然的关系，对我们全面认识人与自然的关系具有重要的指导作用。

第一，人与自然是生命共同体。建设生态文明，首先要从理念和价值观上改变，从改变自然、征服自然的价值观转向调整人的行为，争取做到人与自然和谐，实现"天人合一"。习近平总书记指出："人类发展活动必须尊重自然、顺应自然、保护自然，否则就会遭到大自然的报复。"[②] 这一论述强调了人必须正确认识和处理与自然的关系，以人与自然是生命共同体观念指导社会生产生活等对自然产生影响的活动，提出了生态文明时代人类活动应遵循的原则，是人与自然关系认识理论的一次深化提升。

第二，人类的行为方式必须符合自然规律。2012年12月7至11日，习近平总书记在广东考察时指出："人类的认识是螺旋式上升的。很多国家，包括一些发达国家，在发展过程中把生态环境破坏了，搞起一堆东西，最后一看都是一些破坏性的东西。再补回去，成本比当初创造的财富还要多。特别是有些地方，像重金属污染区，水被污染了，土壤被污染了，到了积重难返的地步。要实现永续发展，必须抓好生态文明建设。我们建设现代化国家，走美欧

---

① 习近平：《在纪念马克思诞辰200周年大会上的讲话》，《人民日报》2018年5月5日。

② 《习近平谈治国理政》第2卷，外文出版社2017年版，第272页。

老路是走不通的，再有几个地球也不够中国人消耗。”① 中国现代化无论是从人口数量还是从历史阶段等方面来看都是绝无仅有、空前伟大的。当前发达国家人口总数不足13亿，中国如果实现了现代化，就会把现代化人口数量提升一倍以上，各方面的影响都将是非常巨大的，如果仍然依靠传统的粗放发展方式，大量地消耗资源和污染环境，必然是行不通的。

第三，保护自然生态环境就是保护人类，建设生态文明就是造福人类。习近平总书记指出：“生态环境没有替代品，用之不觉，失之难存。”② 建立在过度资源消耗和环境污染基础上的增长得不偿失，单纯依靠财政刺激政策和非常规货币政策的增长不可持续。这就要求我们既要创新发展的思路，也要创新发展的手段，坚持绿色、循环、低碳发展，探索中国特色的可持续、高质量发展之路。

第四，“绿水青山”和“金山银山”的关系绝不是对立的。自然生态环境对于人类的生存发展具有特殊价值，保护自然生态环境可以为人的发展提供更好的支撑，就是增值自然价值和自然资本的过程。所以，习近平总书记2013年4月10日在海南考察工作时指出：“纵观世界发展史，保护生态环境就是保护生产力，改善生态环境就是发展生产力。”③

习近平生态文明思想对马克思主义关于人与自然关系思想的丰富和发展体现为：一是丰富发展了马克思主义经典作家关于“人靠自然界生活”“人是自然界的一部分”的思想，提出“自然是生命之母，人与自然是生命共同体，人类必须敬畏自然、尊重自然、顺应自然、保护自然”等重要思想。④ 二是丰富发展了马克思主义经典作家关于人不是简单地适应自然、人可以按照美的规律改造大自然的思想，提出建设美丽中国的构想和目标，通过加快构建生态文明体系，让群众“望得见山，看得见水，记得住乡愁”，让自然生态环境更好地支撑人类社会的发展。三是丰富发展了马克思主义经典作家关于只有在社会主义制度下才能真正做到保护生态、保护自然的思想，提出要充分发挥中国特色社会主义的制度优势，坚持节约资源和保护环境的基本国策，推进“美丽中国”建设，为全球生态安全和生态文明建设作出新贡献。四是根据时代变化、

---

① 中共中央文献研究室编：《习近平关于社会主义生态文明建设论述摘编》，中央文献出版社2017年版，第3页。

② 《习近平：深入理解新发展理念》，人民网，2019年5月16日，http：//cpc.people.com.cn/n1/2019/0516/c64094-31088253.html。

③ 《习近平在海南考察：加快国际旅游岛建设　谱写美丽中国海南篇》，人民网，2013年4月13日，http：//cpc.people.com.cn/n/2013/0411/c64094-21093668.html。

④ 参见习近平：《在纪念马克思诞辰200周年大会上的讲话》，《人民日报》2018年5月5日。

实践发展对马克思主义生态文明思想作出了原创性的贡献。如提出建设中国特色社会主义“五位一体”总体布局和把我国建成富强民主文明和谐美丽的社会主义现代化强国的总目标，把解决突出生态环境问题作为民生优先领域；提出“人民群众对优美生态环境需要已经成为社会主要矛盾的重要方面”；提出新时代推进生态文明建设必须坚持的六项原则；提出“生态环境问题归根结底是发展方式和生活方式问题”，要走实现经济发展和生态保护协同共生的新路径；提出人类是命运共同体，保护生态环境是全球面临的共同挑战和共同责任，要共谋全球生态文明建设；提出要切实加强生态文明制度建设，切实加强党对生态文明建设的领导。总之，习近平生态文明思想对马克思主义相关理论的丰富和发展是全方位的，许多新思想新论断新举措是独创性的。

（二）生态保护和经济发展关系的探索实践

在生态文明建设实践中，需要解决和处理好的关键问题即生态保护和经济发展之间的关系问题。

发达国家走过的工业化道路，以往过度依赖于自然资源消耗的粗放式发展是不可持续的。中国市场经济的快速发展在取得了巨大成就的同时，也带来了一系列发展中的新问题。如今，国内学界已充分认识到我们已陷入双重危机：一是生态危机，二是诚信危机，这两种危机是相互纠缠的。[①] 生态危机是十分严酷的危机，如果我们走不出危机，那么中华文明就可能走向毁灭。中国的诚信危机既是道德危机，也是精神危机。人与人之间失去信任，道德底线一降再降，属于道德危机；物质主义价值观、人生观、幸福观主导一切则属于精神危机。由于道德危机，人与人之间缺乏信任，绿色产业和生态产业难以发展。因为消费者不敢相信市场上出现的带有绿色产品标识的商品是真正的绿色产品，而物质主义价值观的主导则会使人们在生态危机中越陷越深。

从科学的角度看，特别是从生态学的角度看，片面追求经济效益的发展模式显然是不可持续的。我们暂且不提日益严重的污染，即使我们能顺利地实现能源的清洁化，大大减少污染，片面追求物质财富增长的发展也是不可持续的，因为物质财富的增长是有极限的。汽车是今天大受欢迎的消费品，但汽车存量的增加显然是有极限的。中国有 14 亿多人口，只有 960 万平方千米土地，必须留下 18 亿亩耕地以确保粮食安全，如果我们追求美国人的生活方式——平均每人一辆汽车，那么所需的公路、停车场可能会占去大半耕地。更何况，能源的彻底清洁化至今仍是个理想，汽车数量的增加必然伴随着污染的加重。

① 参见卢风：《生态文明与美丽中国》，北京师范大学出版社 2019 年版，第 103 页。

在改革开放以来的发展过程中，较长时间的经济增长依靠基础设施房地产业和建设。就居民住房而言，人人都希望自己的住房越来越宽敞，但如果不加以限制就会占去大半耕地。简言之，在区域生态环境容量一定的客观条件下，物质财富的增长是有极限的。

粗放式、高能耗、低效益、重污染的发展方式是不可持续的，我国必须走全新的、可持续的发展道路。我们必须对现代工业进行根本性的改造：从污染环境、破坏生态环境的工业走向环境友好的、维护生态健康的工业——生态工业。我们必须逐渐扭转发展方向，让中华文明这列“火车”驶入生态文明的轨道，只有这样，我们才能在建设美丽中国的基础上实现中华民族的伟大复兴。

（三）良好生态环境是民生福祉和发展保障

“良好的生态环境是最普惠的民生福祉，是最公共的最公平的公共产品。”在这个论述中，“最普惠的民生福祉”是指人们对于良好生态环境的需求和享用是不分阶层的。例如，一个地区的空气质量、水的洁净程度对居民的影响是一样的。雾霾污染、水质污染等环境问题既是民生问题，又是政治问题和社会问题。习近平生态文明思想，把以人民为中心的发展思想贯穿到生态环境保护之中，第一次将生态文明建设同民生问题紧密联系在一起，提出“良好生态环境是最普惠的民生福祉”的重要论断，这既是生态文明观的重要理论突破，也是以人民为中心的发展观的重要理论突破。

第一，习近平生态文明思想科学地分析了新时代人民群众对生态文明建设的热切期盼。习近平总书记在十八届中央政治局第六次集体学习时指出：“人民群众对环境问题高度关注，可以说生态环境在群众生活幸福指数中的地位必然会不断凸显。随着经济社会发展和人民生活水平不断提高，环境问题往往最容易引起群众不满，弄得不好也往往最容易引发群体性事件。”[①] 生态环境问题，归根到底是由于人类活动对自然资源的过度开发、粗放利用、奢侈消费造成的。资源开发利用既要支撑当代人过上幸福生活，也要为子孙后代留下生存根基。要树立节约、集约、循环利用的资源观，用最少的资源环境代价取得最大的经济社会效益。我们要把生态文明建设放到更加突出的位置，这也是民意所在。对破坏生态环境、大量消耗污染、严重影响人民群众身体健康的企业，要坚决关闭淘汰。如果破坏生态环境，即使是有需求的产能也要关停，特别是群众意见很大的污染产能更要“一锅端”。

① 中共中央文献研究室编：《习近平关于社会主义生态文明建设论述摘编》，中央文献出版社2017年版，第84页。

第二，习近平生态文明思想指明了满足人民群众良好生态环境需求的路径和美丽中国建设的正确道路。2015 年 4 月 3 日，习近平总书记在参加首都义务植树活动时强调指出："中国在植树造林方面为人类作出了重要贡献。同时，我们也要看到，与全面建成小康社会奋斗目标相比，与人民群众对美好生态环境的期盼相比，生态欠债依然很大，环境问题依然严峻，缺林少绿依然是一个迫切需要解决的重大现实问题。我们必须强化绿色意识，加强生态恢复、生态保护……要积极调整产业结构，从见缝插绿、建设每一块绿地做起，从爱惜每滴水、节约每粒粮食做起，身体力行推动资源节约型、环境友好型社会建设，推动人与自然和谐发展。"① 努力走向社会主义生态文明新时代。

第三，习近平生态文明思想提出了增进最普惠的民生福祉的有效途径。从党的十八大到十八届五中全会，包括今年通过的'十三五'规划纲要，都强调要加强生态文明建设。现在，生态文明建设已经深入人心。义务植树是全民参与生态文明建设的一项重要活动。不仅要把全民义务植树抓好，生态文明建设各项工作都要抓好，动员全社会参与。要推动能源消费革命，不仅要成为政府、产业部门、企业的自觉行动，而且要成为全社会的自觉行动。改革开放以来，我国人民生活水平有了大幅提高，然而，也渐渐出现了一些奢靡浪费之风。对这种奢侈炫耀、浪费无度的消费行为要进行制约。要在全社会牢固树立勤俭节约的消费观，树立节能就是增加资源、减少污染、造福人类的理念，努力形成勤俭节约的良好风尚。

第四，习近平生态文明思想搭建了实现人人参与生态文明建设、人人享有生态文明建设成果体制机制平台。习近平总书记指出："全社会都要按照党的十八大提出的建设美丽中国的要求，切实增强生态意识，切实加强生态环境保护。"② "全民义务植树的一个重要意义，就是让大家都树立生态文明的意识，形成推动生态文明建设的共识和合力。"③ 绿化祖国，改善生态，人人有责。此外，习近平生态文明思想倡导人民群众自主建设共有家园、建设美丽中国的时代精神。最为典型的例证就是习近平总书记对塞罕坝精神的总结和提倡。习近平总书记指出："55 年来，河北塞罕坝林场的建设者们听从党的召唤，在'黄沙遮天日，飞鸟无栖树'的荒漠沙地上艰苦奋斗、甘于奉献，创造了荒原

① 《习近平：坚持全国动员全民动手植树造林　把建设美丽中国化为人民自觉行动》，中国文明网，2015 年 4 月 3 日，http://www.wenming.cn/specials/zxdj/xjp/zyjh/201504/t20150403_2542917.shtml。

② 《习近平：把义务植树深入开展下去　为建设美丽中国创造生态条件》，人民网，2013 年 4 月 3 日，http://cpc.people.com.cn/n/2013/0403/c64094-21010148.html。

③ 《习近平总书记植树地回访：绿色发展理念深植百姓心间》，人民网，2017 年 3 月 31 日，http://politics.people.com.cn/n1/2017/0331/c1001-29183284.html。

变林海的人间奇迹，用实际行动诠释了绿水青山就是金山银山的理念，铸就了牢记使命、艰苦创业、绿色发展的塞罕坝精神。他们的事迹感人至深，是推进生态文明建设的一个生动范例。”①

① 《习近平：持之以恒推进生态文明建设　努力形成人与自然和谐发展新格局》，人民网，2017 年 8 月 29 日，http：//cpc. people. com. cn/n1/2017/0829/c64094－29500069. html。

第二章

美丽中国建设的中国方案

生态文明建设和美丽中国目标是人类文明史上最伟大的事业。在西方发达国家仍“头痛医头，脚痛医脚”地保护和治理环境时，中国在继承和弘扬中华优秀生态文化和生态智慧的基础上，以中国人特有的思维方式，扭转人类文明的发展方向，推动建设人与自然和谐共生的现代化，在探索、实践中创造了具有中国特色的现代化新道路，创造了人类文明新形态。

第一节　美丽中国的理论依据

习近平生态文明思想和以“绿水青山就是金山银山”为核心的绿色发展理念是美丽中国建设的理论依据和实践指南。

一、以习近平生态文明思想为指导的新时代生态文明战略

习近平生态文明思想是在坚持和发展中国特色社会主义的不断探索中形成的，生动回答了新时代为什么建设生态文明、建设什么样的生态文明和怎样建设生态文明的理论实践问题，是推进生态文明建设的理论依据、根本遵循和行动纲领。

（一）生态文明提出的背景

近三百年的工业文明发展过程中，人与自然的关系主要表现为以征服为特征的相互关系：人类以自身掌握的技术不断探索、挑战、改造和征服着大自然。随着科技的发展、工业革命和产业革命的兴起，人类改造和征服自然的能

力大幅提升，从而使得征服自然的文化形态达到极致，从根本上导致了全球性生态危机的爆发。生态危机的爆发表明地球上有限的自然资源已经不能支持工业文明的无限发展，人类需要改变工业文明时代的生产、生活方式和以征服自然为主导的文化价值观，开创一个新的文明形态来支撑人类的生存和可持续发展，生态文明正是以人与自然和谐共生为核心的人类文明形态，是对工业文明的继承和超越。

我国改革开放以来在经济、政治、文化和社会建设方面都取得了巨大的进步和发展。但是，我们也把发达国家二三百年中产生的问题集中到 40 多年的发展历程中，造成了不同性质的问题的累积和叠加。特别是在生态环境方面，快速的工业化伴随着资源能源的大量消耗和各类污染物的大量排放，使我国面临着日益严峻的资源瓶颈和环境污染。

2017 年 10 月，党的十九大报告提出：“经过长期努力，中国特色社会主义进入了新时代，这是我国发展新的历史方位。……社会主要矛盾已经转化为人民日益增长的美好生活需要和不平衡不充分的发展之间的矛盾。”[①] 新时代背景下，我国社会主要矛盾在生态环境方面有两点突出的表现：一是老百姓对良好生态环境和生态产品的需求增加与生态环境恶化、生态产品缺乏之间的矛盾；二是生态环境资源与经济粗放发展之间的矛盾，传统工业化模式带来了严重的资源环境问题。当前，在经济新常态和疫情防控常态化的情况下，更需要通过生态文明建设，探寻出一条使经济社会可持续发展的道路。

（二）习近平生态文明思想的丰富内涵

党的十八大以来，以习近平同志为核心的党中央针对新时代我国社会主要矛盾变化，回应人民群众对良好生态环境的需求和期待，把生态文明建设摆在了治国理政的突出位置，围绕生态环境保护和生态文明建设开展了一系列根本性、开创性、长远性工作，在生态文明建设实践中逐步积累、检验，提炼，提出了一系列新理念、新思想、新战略，理论系统逐渐丰富，为习近平生态文明思想的形成奠定了基础。作为马克思主义理论的新发展和新时代中国特色社会主义理论体系的重要组成部分，习近平生态文明思想在 2018 年全国生态环境保护大会上得以正式确立，成为指导我们进行生态文明建设、促进生态环境高水平保护和经济高质量发展的根本遵循和行动指南。习近平生态文明思想内涵丰富，

---

① 习近平：《决胜全面建成小康社会　夺取新时代中国特色社会主义伟大胜利——在中国共产党第十九次全国代表大会上的报告》，中国政府网，2017 年 10 月 27 日，http：//www.gov.cn/zhuanti/2017-10/27/content_5234876.htm。

主要体现在习近平总书记关于“八个坚持”的重要论述，以问题为导向，生动回答了生态文明建设“为什么”“是什么”“怎么做”这三个基本问题。从生态文明建设的三个基本问题视角来分析理解“八个坚持”，有助于我们深刻理解把握习近平生态文明思想的丰富内涵，深化对于习近平生态文明思想重大理论意义和实践意义的认识，提升践行习近平生态文明思想推动实际工作的能力。

第一，从历史发展和民生福祉视角理解为什么建设生态文明。习近平总书记从历史发展规律的视角指出：“生态兴则文明兴，生态衰则文明衰。”习近平生态文明思想以高度的历史自觉和深邃的历史观阐明了文明兴衰与生态环境之间互相影响、互相依存的关系，生态环境既是人类生存和发展的基础，其变化又直接影响人类文明的兴衰演替，以“生态文明建设关系到中华民族永续发展的根本大计”来强调推进生态文明建设的必要性和重大意义。以史为鉴，可以知兴替。在四大文明古国中，古代埃及、古代巴比伦、古代印度和古代中国均发源于生态优美、环境宜居的地方，然而随着人类活动对自然生态环境的影响和破坏，造成了生态环境的衰退，例如古代埃及、古代巴比伦均是因为严重的土地荒漠化而走向衰落。在《自然辩证法》中，恩格斯就曾向人类发出警告，告诫世人：曾经孕育了灿烂文明的两河流域及其他各地居民，就是因过度开发耕地而大量侵占了森林，使原本水草丰茂、土地肥沃之地退化衰败，最终导致了文明的消失。习近平总书记经常强调，我国环境容量有限，当前生态系统总体脆弱，环境污染治理形势依然严峻，如果不能高度重视生态文明建设，将难以从根本上扭转环境污染造成的大损失和高风险，更谈不上中华民族的永续发展。2019 年 4 月 28 日，习近平总书记在北京世界园艺博览会开幕式上致辞时进一步谈道：“纵观人类文明发展史，生态兴则文明兴，生态衰则文明衰。”① 所以，保持战略定力、持之以恒地推进生态文明建设是保障中华民族实现永续发展的必然要求。

生态文明建设的必要性还体现在“良好的生态环境是最普惠的民生福祉”。这一论述从增进民生福祉的“初心”出发，深刻揭示了生态文明建设是关乎初心使命和民生福祉的重大战略：一方面，生态环境具有公共产品的属性，在改善和发展民生中发挥着重要作用；另一方面，把优美的生态环境纳入民生福祉范畴，丰富发展了民生的基本内涵，强调生态文明建设是事关党的民生宗旨和使命宗旨的重大战略。当前，在我国经济快速发展了 40 余年，快速工业化在积累了大量的经济财富同时也产生了一系列的生态环境问题，人民群众的幸福

① 习近平：《共谋绿色生活，共建美丽家园》，《习近平谈治国理政》第 3 卷，外文出版社 2020 年版，第 374 页。

感、获得感要素和诉求发生了巨大变化。在新时代背景下，人民对于生态环境的要求和期待增强，“环境就是民生，青山就是美丽，蓝天也是幸福”①。民有所呼，党有所应，近年来党中央把生态文明建设作为关系党的使命宗旨和民生宗旨的重大战略，坚持发展绿色民生，聚焦解决突出环境问题，努力提供优质生态产品，不断增强满足人民优美生态环境需要的能力，强调“绿色民生才是有质量的民生”，彰显了党和国家大力发展绿色民生的决心和信心。

第二，立足人与自然的关系把握建设什么样的生态文明。对于“建设什么样的生态文明”这一基本问题，习近平总书记给出的回答是“坚持人与自然和谐共生”。在党的十九大报告中，“坚持人与自然和谐共生”被列为新时代中国特色社会主义基本方略之一，揭示出生态文明的本质是“人与自然和谐共生的文明”，回答了生态文明是什么样的文明这一基本问题。首先，人类依赖自然而生。在人类发展的任何一个时期，无论科学技术和生产发展到何种水平，人类都必须依赖自然资源的供给而生存发展。同时，人与自然之间还是共生关系，人类对自然环境的破坏终将影响人的持续发展。“坚持人与自然和谐共生”是新时代生态文明建设的根本遵循，反映了新时代执政理念的提升和党对社会发展规律科学认知的深化，体现了习近平生态文明思想的科学自然观。

人类社会中最基本的关系即人与自然的关系，伴随着这种关系的不断演化，形成了近三百年的工业文明以人类改造自然、征服自然的主要特征，随着科学技术的迅猛发展，人类改造自然的能力空前提高，人与自然的矛盾日益尖锐，与世界迅速发展的工业化相伴生的是挑战自然、征服自然的文化。工业文明创造了巨大的社会财富，同时也造成了全球范围的生态负债和生态危机。习近平总书记提出的生态文明是在国际绿色发展浪潮的基础上，充分吸收中华传统生态智慧和借鉴马克思主义关于人与自然关系的思想，从人类文明发展的高度回归人与自然这一基本关系，实现对工业文明发展优势和劣势的扬弃，是高于工业文明的新的人类文明发展阶段，强调生态文明建设最根本的原则就是要遵循生态系统的多样性、系统性、整体性特征，摒弃工业文明发展模式下人与自然相对立的思维方式，建设人与自然和谐共生的新文明。

第三，从发展方式、治理方式、制度保障等方面擘画怎样建设生态文明。习近平总书记从坚持绿色发展、系统治理、制度保障、全民行动、全球共治共享五个方面回答了“怎样建设生态文明”的时代之问，擘画出了新时代背景下生态文明建设的路径。

① 习近平：《在省部级主要领导干部学习贯彻党的十八届五中全会精神专题研讨班上的讲话》，人民出版社 2016 年版，第 19 页。

一是坚持“绿水青山就是金山银山”的绿色发展观，是生态文明建设的根本路径。作为十八届五中全会提出的五大发展理念之一，绿色发展理念的核心观点就是习近平总书记提出的“两山”理念。坚持绿色发展，从根本上来讲就是要处理好两对关系：一是人与自然的关系，促进人与自然和谐共生是生态文明建设的根本目的。二是经济发展同生态环境保护的关系。一方面，我们要在考虑到生态环境承载力的基础上发展经济，把经济发展对自然资源的需求和污染物排放控制在生态容量之内，使得生态环境容量可承载经济的发展，即实现“经济生态化”；另一方面，也是更为重要的，是要把生态环境资源的价值体现出来，在保护生态环境、提供生态产品的同时也体现出经济效益，促进经济可持续发展，把“绿水青山”变为“金山银山”，即实现“生态产业化”。所以，坚持绿色发展理念，构建以产业生态化、生态产业化为主体的生态经济体系是生态文明建设的必由之路。

二是生态文明建设要“坚持山水林田湖草是生命共同体”的理念。自然生态系统中各要素不是孤立的，而是相互联系的，这一基本原理要求我们以整体系统观来认识、治理、修复生态环境。习近平总书记讲，“人的命脉在田，田的命脉在水，水的命脉在山，山的命脉在土，土的命脉在林和草，这个生命共同体是人类生存发展的物质基础”[①]。通过人与田、水、山、土、林和草等自然要素间的命脉依存关系，生动形象地阐释了人是大自然的一部分，人与周围的生态环境构成一个生命共同体，而这个生命共同体是人类生存发展的物质基础。坚持山、水、林、田、湖、草是生命共同体，要充分考虑到生态环境保护和修复是系统工程，要以系统思维从全局角度谋划治理之道，做到统筹兼顾、整体施策，绝不能“头痛医头，脚痛医脚”。当前，污染防治攻坚战进入最后的阶段，我们更要对生态文明建设的系统性保持清醒的认识，进行系统治理，要努力克服人定胜天、战胜自然的传统思维观念，处理好局部和系统的关系，着眼于系统最优而非局部最优来选择治理方案。例如，在对自然形成的沙漠治理时，就要对治理技术和手段的经济性、生态性影响进行充分论证和评价，避免在修复治理局部环境的同时又对生态环境系统造成更大的伤害。

三是坚持用最严格的制度和最严密的法治保护生态环境。生态文明建设同其他四大建设一样，推进工作必须有相应的制度和法治保障。改革开放以来，我国在大力推进经济发展的过程中积累了大量的生态环境问题，这些问题的出现在很大程度上是由于制度不严密、法治不严格造成的。近几年来，我国在生

---

① 《习近平：推动我国生态文明建设迈上新台阶》，习近平系列重要讲话数据库，人民网，2019 年 1 月31 日，http：//jhsjk. people. cn/article/30603656。

态文明建设的顶层设计上，通过密集制定一系列制度，形成了生态文明建设制度框架，但有些制度还有待进一步补充完善和落地实施。2019 年 10 月 28 日至 31 日，党的十九届四中全会进一步强调了生态文明制度建设和顶层设计的重要性，提出继续实行最严格的生态环境保护制度，更加严明生态环境保护责任制度。[①] 所以，在新时代生态文明建设中，要进一步加快制度创新，完善生态文明制度体系，以制度和法治来保障生态环境治理能力的提升。

四是坚持建设美丽中国全民行动。美丽中国是我们进行生态文明建设的目标，是大家共同参与、共同享有的伟大事业，理应成为全体人民的内在需求和自觉行动。“人民是历史的推动者”，在通过生态文明建设实现美丽中国目标的过程中，更要形成全民行动的合力。美丽中国建设全民行动有以下具体路径：其一，要加强生态文明教育，培育生态道德，树立生态文明价值观。其二，要积极开展绿色行动，引导民众践行绿色低碳的生活方式，减少能源资源的消耗和污染物排放，为实现美丽中国建设目标和中华民族的永续发展作出贡献。

五是坚持共谋全球生态文明建设。基于人类命运共同体和生态环境系统观的基本论断，习近平总书记擘画了全球共治、共享的全球生态文明建设路径。生态环境问题不是某一地区的个别挑战，而是全球面临的共同问题、共同挑战，在全球性的生态环境问题和生态危机面前，任何一个国家和地区都无法置身事外、独善其身。生态文明建设关系到全人类的未来，世界各国必须共同努力。当前，随着国家经济实力的提升和文化影响力的增强，我国已成为全球生态文明建设的重要参与者、贡献者和引领者。基于对国际形势发展的精确判断，习近平总书记提出要推进绿色“一带一路”建设，让我国生态文明理念和生态文明建设经验造福“一带一路”沿线人民。[②] 通过绿色“一带一路”建设和进一步参与全球环境治理的实践，弘扬中华传统生态思想、贡献中国生态智慧，增强在全球环境问题治理中的影响力，拿出促进全球可持续发展的方案，体现我国作为负责任大国的使命和担当。

综上所述，习近平总书记从历史发展和民生福祉的视角回答了为什么建设生态文明，立足人与自然的关系回答了建设什么样的生态文明，从发展方式、治理方式、制度保障、全民行动、全球共治共享五个方面擘画了生态文明的建设路径。作为习近平生态文明思想的主要内容，“八个坚持”科学全面、生动

---

① 参见习近平：《坚持和完善中国特色社会主义制度，推进国家治理体系和治理能力现代化》，共产党员网，2020 年 1 月 1 日，https：//www.12371.cn/2020/01/01/ARTI1577865652215275.shtml。

② 参见《恢宏的世界胸怀，坚定的大国担当——习近平主席出席联合国成立 75 周年系列高级别会议并发表重要讲话向世界发出中国声音提出中国方案阐明中国立场》，《人民日报》，2020 年 10 月 3 日，第 1 版。

形象地回答了生态文明建设“为什么”“是什么”“怎样做”三个基本问题，体现了习近平生态文明思想的问题导向和求真务实的理论风格。循着三个基本问题的思路分析理解“八个坚持”，在理论学习上，有助于我们深刻理解习近平生态文明思想的丰富内涵；在工作实践中，有助于我们解决实际问题，提高生态文明建设能力。

（三）新时代生态文明战略的主要任务

2019 年 3 月 5 日下午，习近平总书记参加内蒙古代表团审议，他在发言中围绕“生态文明建设”，首次提出“四个一”，对于我们进一步推进生态文明建设具有十分重要的指导意义：其一，在“五位一体”总体布局中，生态文明建设是其中非常重要的“一位”；其二，在新时代坚持和发展中国特色社会主义基本方略中，“坚持人与自然和谐共生”是其中一条基本方略；其三，在新发展理念中，绿色发展是其中一大发展理念；其四，在三大攻坚战中，污染防治攻坚战是其中一大攻坚战。[①] 这“四个一”有着严密的逻辑和明晰的层次，既有对生态文明建设规律的把握，又确立了生态文明建设在新时代党和国家事业发展中的地位，阐明了生态文明建设的重大意义。

新时代背景下，贯彻落实绿色发展理念和生态文明战略，要坚持节约资源和保护环境的基本国策，坚持“节约优先，保护优先，自然恢复为主”的基本方针，推动形成节约资源和保护环境的空间格局和产业结构，推动形成绿色发展方式和生活方式。具体而言，主要包括以下 6 项重点任务：一是加快转变经济发展方式，改变过多依赖增加自然资源和能源消耗、规模粗放扩张、高能耗高排放的经济增长模式。二是加大环境污染综合治理，以大气、水、土壤污染等突出生态环境问题为重点，加强环境污染防治和农业面源污染治理，加大城乡环境综合整治力度。三是推进生态保护和修复，坚持“保护优先，自然恢复为主”的方针，深入实施山水林田湖一体化生态保护和修复。四是促进资源节约集约利用，树立“节约集约，循环利用”的资源利用观，用最少的资源环境代价取得最大的经济社会效益。五是倡导推广绿色消费，做生态文明建设和绿色消费的践行者、推动者，而不是旁观者、评论家，提高民众主动参与生态文明建设的积极性。六是完善生态文明制度体系，推动人的思维观念、生产方式和生活方式的系统变革，必须依靠生态文明制度作为推进生态文明建设的保障。

---

① 参见《习近平参加内蒙古代表团审议》，中国政府网，2019 年 3 月 5 日，http：//www.gov.cn/xinwen/2019-03/05/content_5371037.htm。

二、以“绿水青山就是金山银山”为核心的绿色发展理念

2005 年 8 月，时任浙江省委书记的习近平同志在浙江安吉余村考察时，提出了“绿水青山就是金山银山”的科学论断。[①] 绿色发展的“两山”理念，用通俗的语言表达了深刻的思想，有着丰富的内涵：“既要绿水青山，又要金山银山”，强调生态环境和经济社会发展二者的关系是相辅相成的，要求各级政府在促进区域发展中要重视统筹二者的关系，力争做到使生态环境得到保护和增值的同时，经济发展也实现高质量增长，以二者的双赢作为绿色发展的重要价值标准。“宁要绿水青山，不要金山银山”，则强调了绿水青山是比金山银山更基础、更宝贵的财富；在特定的地区、特定的发展阶段，当生态环境保护与经济社会发展产生局部冲突和矛盾时，必须把保护生态环境作为优先选择。最后，“绿水青山就是金山银山”，是生态文明建设的最高境界，也是“两山”理念的目标指向，更加强调良好的生态环境就是生产力，就是社会财富，具有巨大价值。2005 年，习近平同志指出：“生态环境优势转化为生态农业、生态工业、生态旅游等生态经济的优势，那么绿水青山也就变成了金山银山。”

“绿水青山就是金山银山”是绿色发展理念核心观点，也是推进现代化建设的重大原则。“两山”理念不仅以生动的比喻阐明了经济发展和生态环境保护的关系，更揭示了绿色发展理念下“绿水青山”和“金山银山”相互转化的原理，指明了促进经济高质量发展和生态环境高水平保护协同共生的新路径。绿水青山既是自然财富、生态财富，又是社会财富、经济财富，保护生态环境就是保护经济社会发展潜力和后劲，促使绿水青山持续发挥生态效益和经济社会效益。

三、绿色发展理念与生态文明战略的内在逻辑

绿色发展理念与生态文明战略的总要求均为处理好人与自然的关系、经济发展与生态环境保护的关系，总目标都是实现人与自然的和谐共生。但二者层次不同：绿色发展属于理念层面，是发展战略的思想指南；生态文明建设属于实践层面，是落实绿色发展理念的实践指南和行动纲领。

绿色发展的核心要义是促进人与自然和谐共生、实现生态环境保护和经济发展协调统一。坚持绿色发展，从根本上讲就是要处理好经济发展和生态环境

---

① 《绿水青山就是金山银山》，新华网，http：//www. xinhuanet. com/politics/szzsyzt/lsqs2017/index. htm。

保护之间的关系，从经济体系上看，就是要求通过构建生态经济体系这一根本路径来实现人和自然、经济发展和生态环境、产业和生态这三对关系的转变，建立起以“产业生态化，生态产业化”为主要特征的生态经济体系（如图 2-1 所示）。一方面，在统筹考虑经济的发展对生态环境的影响方面，科学进行产业选择和布局，使得生态环境可以承载经济发展，经济发展的同时促进生态环境保护，实现产业生态化；另一方面，要努力体现生态环境、自然资源的价值，使良好的生态环境可以转化为经济发展的优势，为经济发展提供良好生态环境和资源能源支撑，使得经济发展可持续，实现生态产业化。所以，构建“产业生态化，生态产业化”的生态经济体系（生态文明五大体系之一）是经济发展新常态下进行经济转型升级、实现绿色发展的必然要求和根本路径。

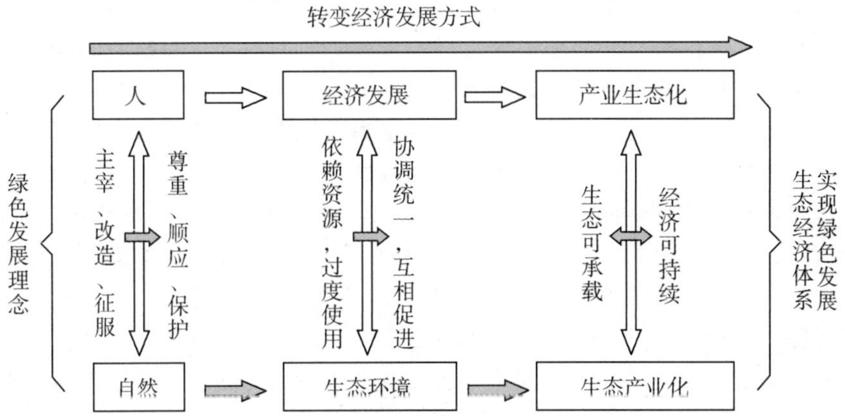

图 2-1 绿色发展与生态文明战略的内在逻辑

第二节 美丽中国建设的提出

在我国现代化发展的特定阶段，为了应对自然环境和生态资源的约束、严重的环境污染问题和生态系统退化的严峻形势，以习近平同志为核心的党中央在汲取中华民族优秀生态智慧的基础上，结合中国特色社会主义生态文明建设实践，把美丽中国作为生态文明建设的目标，并擘画了清晰的时间表。

一、中华民族的生态智慧

中国传统哲学中蕴含着丰富的生态智慧，例如古人的哲学思想“天人合一”“道法自然”，经典诗句“劝君莫打三春鸟，儿在巢中望母归”，传统治家格言中“一粥一饭，当思来处不易；半丝半缕，恒念物力维艰”等，无不体现了原始生态价值观。古人善于用系统论的思想方法看问题，早已认识到生态系统是一个有机生命躯体，应该统筹治水、治山、治林和治田。远古先民“推天道以明人事”，从宇宙天象、时空变化及其与人事生产生活之间的关系，观察事物，体悟人情，从而形成了从整体上、宏观上把握事物的思维方式。作为最古老的阐发人与自然、社会关系的《周易》一书，充分显现出视整个宇宙为一体的生命系统观，视人与自然为一整体的生态伦理思想，而其最高境界，就是天人合德。这一生态伦理思想不仅正确地表达了人与自然、与社会的关系，同时，也是中国哲学对世界的重大贡献。

英国著名科技史专家李约瑟博士在其学术著作中，热情赞誉中国古代先民的敬天重德思想，把这种天人合德的自然观称为“有机的自然主义”。如，《管子》是我国春秋战国时期管仲和管仲学派的著述总集，蕴含丰富的生态思想。《吕氏春秋》完整提出了“三才论”这种具有生态性质的农学思想，论述了适度取物的可持续发展思想和“以时禁发”的生态保护思想。汉代的董仲舒在《春秋繁露·深察名号》中提出“天人之际，合而为一”的观点，并在此基础上引申、丰富了“天人感应”理论。这表明中国古代的先民，对于人与自然的关系具有独特的见解。例如，道家提出的“道法自然”，主旨是强调人要以尊重自然规律作为最高的准则，人类只有顺应自然，才能达到“天地与我并生，而万物与我为一”的境界。儒家主张“天人合一”观点，认为天地万物之间都是相互联系且具有独特的内在价值，主张以仁爱之心对待自然，体现了我国古代哲学中“以人为本”的价值取向和人文精神。生态系统平衡遭受破坏，即使花大力气进行修复，也很难恢复原貌，这即是所谓“环境的不可逆性”。在这方面我国古人有丰富的生态智慧，比如中国的哲学家庄子在《齐物论》里阐发了“天地与我并生，而万物与我为一”的生态系统论哲学思想。中国传统生态思想主要表现为以人为本的和谐生态主义，在处理人与自然的关系时，无论是儒家还是道家都把人放在第一位，尊重人、肯定人、以人为本，同时又要求人们必须保护自然生态环境，把“天人合一”这种理想状态作为最高的思想指导，总体概括为“人本和谐生态思想”。

发掘中国传统生态智慧，既展现我国古代有与世界其他古代文明中心不同特色的生态思想，也显示出中国现代生态学从古至今的发展历程中，曾有过自己独特的思想渊源，并且至今仍有宝贵价值。对中国传统生态思想精粹进行提炼和剖析，将这些传统生态智慧运用到当今生态文明的建设中，可阐发新时代现实价值。中国传统生态伦理思想具有重要的现实意义：人与自然紧密依存，绿水青山就是金山银山，经济发展必须坚持“生态优先原则”，消费“量入为出”，“索取适度，回报相当”，不可急功近利、竭泽而渔、肆意妄为，运用制度约束，提升公民生态文明素养。综上可见，中国传统生态文化具有以下特征：(1) 崇尚节俭和生态消费，反对奢侈浪费；(2) 提倡适度开发和索取，有利于人类社会可持续发展；(3) 以时禁发，保护自然，促进生态系统自我更新；(4) 制定了保护自然的法令法规，建立了相关政府机构。

中西方在人与自然关系上具有较大的文化差异：中国以农立国，曾是一个农耕社会，靠天吃饭，因而敬畏自然；西方文化则恰恰相反，它强调对自然的征服，强调人与自然的对立，最终导致了后工业文明时代人类的危机，人类要想转变工业化过程中形成的征服自然的传统，转向生态文明理念和生态文明的发展方式，重塑人与自然的和谐关系，可以从中国古代生态伦理文明中寻找宝贵的思想资源。对中国而言，中国传统文化中固有的生态和谐观，强调要把“天、地、人”统一起来、把自然生态同人的全面发展联系起来，为我们当代进行生态文明建设提供了坚实的理论基础和智慧源泉。

二、生态文明与美丽中国

党的十八大报告提出了建设“美丽中国”的目标，强调“建设生态文明，是关系人民福祉、关乎民族未来的长远大计”，这是在我国现代化发展的特定阶段，面对自然环境和生态资源的约束、严重的环境污染问题和生态系统退化的严峻形势而作出重大决策、推动的重大国家战略。推进生态文明建设，必须树立“尊重自然、顺应自然、保护自然”的生态文明理念，把生态文明建设融入到经济建设、政治建设、文化建设、社会建设的各方面和全过程。美丽中国既是生态文明建设的目标，又是实现中华民族永续发展的基础支撑和根本要求。

“美丽中国”是新时代生态文明建设的主要目标。把“绿色发展”和“美丽中国”写进党代会报告，是对当今世界和当代中国发展大势的深刻把握和自觉认知，是党和政府执政理念的新发展。习近平总书记多次对“美丽中国”作出明确指示和形象描述，要求贯彻“创新、协调、绿色、开放、共享”的新发展理念，并以新发展理念为引领，推动形成绿色发展方式和生活方式，推进生态文明建设和美丽中国目标实现，改善环境质量，建设“天蓝、地绿、水净”的美丽中国，提出实现人与自然和谐共处，还自然以宁静、和谐、美丽，强调环境就是民生，青山就是美丽，蓝天也是幸福。2018 年 5 月 18 日，习近平总书记在全国生态环境保护大会上指出："虽然我国生态环境质量出现了稳中向好趋势，但成效并不稳固，生态文明建设正处于压力叠加、负重前行的关键期，已进入提供更多优质生态产品以满足人民日益增长的优美生态环境需要的攻坚期，也到了有条件有能力解决生态环境突出问题的窗口期。"[①] 面对"三期叠加"的风险挑战，必须要更加持续、深入地实施大气、水、土壤污染防治行动计划，还老百姓蓝天白云、繁星闪烁、清水绿岸、鱼翔浅底的景象，让老百姓吃得放心、住得安心。在城市建设规划中，要着力推进城镇留白增绿，使老百姓享有惬意生活、休闲空间，要让城市融入大自然，让居民望得见山、看得见水、记得住乡愁；在推进乡村振兴战略过程中，要利用区域自然优势发展乡村旅游等特色产业，注意乡土味道，保留乡村风貌，建设"美丽乡村"，发展"美丽经济"，为老百姓留住鸟语花香、诗情画意、寄托着乡愁的田园风光。

三、美丽中国的建设目标

美丽中国建设既有需要攻坚的紧迫任务，更有需要久久为功的不断实践和努力，需要制定明确的时间表和路线图。明确的时间表和路线图有利于指引美丽中国建设实践逐步深入、确保建设目标如期实现。

（一）美丽中国建设的时间表

2018 年 5 月 18 日至 19 日，在全国生态环境保护大会上，习近平总书记发表了题为《坚决打好污染防治攻坚战，推动我国生态文明建设迈上新台阶》的重要讲话，强调生态文明建设是关系中华民族永续发展的根本大计，并明确了美丽中国建设的时间表和坚持六项原则的路线图：到 2020 年，坚决打好污染防治攻坚战。到 2035 年，要通过加快构建生态文明体系，确保我国生态环境实现根本好转，美丽中国目标基本实现。到 21 世纪中叶，物质文明、政治文明、精神文明、社会文明、生态文明全面提升，绿色发展方式和生活方式全面形成，人与自然和谐共生，生态环境领域国家治理体系和治理能力现代化全面实现，建成美丽中国。[②]

---

① 《习近平出席全国生态环境保护大会并发表重要讲话》，中国政府网，2018 年 5 月 19 日，http：//www.gov.cn/xinwen/2018-05/19/content_5292116.htm。

② 参见《习近平出席全国生态环境保护大会并发表重要讲话》，中国政府网，2018 年 5 月 19 日，http：//www.gov.cn/xinwen/2018-05/19/content_5292116.htm。

（二）“十四五”规划中美丽中国的目标

“十四五”规划期（2021～2025年），是中国经济在全面小康基础上，迈向现代化目标的第一个五年规划，在中国迈向全面现代化历程中，居于承前启后的非常重要的历史位置。在“十三五”期间，中国经济的发展已经开启了从高速增长转向高质量的伟大征程，同时也面对了空前严峻的困难和挑战。国内外的经济发展环境已发生深刻变化，在国际金融危机后，世界经济增长势头走弱。与此同时，受内需外需持续走弱制约，中国经济增长速度呈现持续下降态势，经济发展由高速增长阶段过渡到高质量发展阶段，经济发展需要更加注重创新和绿色，这需要探索出一条生态环境高水平保护和经济高质量发展的“双高”路径。

“十四五”规划中美丽中国目标确定为：到2035年，“生态环境根本好转，美丽中国目标基本实现”；到2050年，“把我国建成富强民主文明和谐美丽的社会主义现代化强国”。美丽中国是建设“富强、民主、文明、和谐、美丽中国”中的“美丽中国”，是生态文明建设成果的集中体现，以生态环境优美为基本内涵和根本标志。

第三节　美丽中国的内涵

美丽中国主要指通过生态文明建设促进人与自然和谐共生，实现中华民族的永续发展。坚持人与自然和谐共生是新时代推进生态文明建设、实现美丽中国的基本方略。生态文明建设战略的确立使得十八大以来中国绿色发展道路越走越通畅，美丽中国的愿景正在逐步变为现实。

一、美的层次与含义

美是什么？在公元前5世纪，古希腊哲学家柏拉图首先提出这个问题。两千多年来，还没有一位美学家、哲学家、评论家能够给出一个大多数人认同的定义。从表层看，美丽指好看、漂亮，即在形式、比例、布局、风度、颜色或声音上接近完美和理想境界，使人的各种感官极为愉悦，是一种感官享受。作为哲学概念的美丽，一般指某一事物引起人们愉悦情感的一种属性。在深层上，关于美的本质问题上，有很多种看法。概括起来，主要有四种：一是主观论。强调人的因素，认为美是观念，对客观事物来说，无所谓美丑，那都是人们的主观感受。二是客观论自然说。客观论强调美的客观性，认为美在物自身，是典型的，可以脱离人而存在的，是一种自然性。但它混淆了现实美与艺术美两种典型情况。三是主客观统一论。这个观点把上述两者综合，强调审美主体和客体的关系，认为美是客观方面的物，可以与主观方面的意识相融合，使之成为完整形象的特殊体。四是客观论社会说。与客观论自然说不同，它不认为美仅仅是自然性的，而是认为在更为本质的意义上，美是社会性的，是实践的产物。从这个观点上看，美是社会性和客观性的统一，是在现实生活中对那些社会发展的本质、规律和理想等用感官进行直接的感知而形成的具体的社会和自然的形象。但是客观论社会说还是没有摆脱一个弊病——它把自然美的本质和形式加以了模糊。

二、美丽中国的内涵

建设美丽中国，最核心的问题是要处理好人与自然的关系，人类发展对于自然资源既要开发又要开发有度，既要利用又要保护，促进经济发展、人口、资源、环境的动态平衡，不断提升人与自然和谐相处的文明程度，建设一个山清水秀、生态良好、风景优美的中国。

美丽中国应该是个什么样子，每个人心目中都有自己的标准。美丽中国首先应是生态良好的中国，“天蓝、地绿、水净”寄托着老百姓的期盼，是人类得以诗意地栖居于大地的前提和保障。所以，生态良好的中国，应当是天蓝、地绿、水净的中国。

天蓝。天蓝不仅是指天空是蓝色的，也是对空气质量状况评价的一种通俗说法。以北京为例，自 1998 年实施“蓝天计划”以来，就用一年中“蓝天数”的多少来衡量空气质量的好坏。地球的大气层是我们头顶上的天空，这些大气本身不是蓝色的，之所以晴朗的天空呈现蔚蓝色，是因为大气分子和悬浮在大气中的微小粒子对太阳光散射的结果。当太阳光通过大气时，波长较短的紫、蓝、青色的光最容易被散射，因而呈现出蔚蓝色。但是由于大气污染严重（主要原因是工业废气排放和汽车尾气排放）使天空变成了灰色。人们期盼的天蓝是真正的蓝色，是空气质量优良的蓝色。我们的发展不能以牺牲环境和公众健康为代价，没有新鲜的空气，再快的发展都将失去意义。

地绿。绿色既是生命的本色，也是希望和活力的象征。地绿是要让大地披上绿装，要增加城市和乡村的绿地面积。青山绿地既是实现绿色产业转变的重要表现，也代表着生态文明的结构转型。城市绿地是城市的名片、特色和个性，是事关城市能否长远发展的生命线和补给线。在城乡环境的综合治理中，以青山绿地工程为载体，从一草一木的种植，到公园、广场的建设，使人们生活享受于绿色的环绕氛围中。绿色给予人们以绿色享受、绿色福利、绿色幸福，不仅改善着城乡的生态状况和生态安全，也改变着人类的生活方式和服务方式。

水净。水是包括人类在内所有生命生存的重要资源，是生物体的最重要组成部分，同时也在生命演化中扮演着重要的角色。清洁、卫生的水是人体健康的重要保证。水净不仅应该是对饮用水的直观感觉，而且也应该是对各种水体水质评价的重要标准，即水中不含有害人体健康的物理性、化学性和生物性污染物。老子说“上善若水”，孔子说“智者乐水”，水犹如一面镜子，反映了大自然的宁静、平和。水净蕴含着把自然与人结合在一起，既为人的物质满足提供依归，也为人的精神满足提供示范。水源和土地是紧密联系的，解决了喝的问题，意味着吃的问题也得到一定程度的解决，因为有干净的水就必然有干净的土地。吃、喝是人类最基本的需求，这个问题解决得如何，体现了社会发展的程度和状态。

三、美丽中国内涵的延伸

随着对生态环境的改善，人们对美丽中国建设提出了更高的追求。例如，将西湖“暗”下来的城市照明设计，就充分体现了高层次生态环境建设的理念追求。“黑天空”概念首次引入，浪漫景象或成常态：杭州市新一轮照明规划通过政府批复实施。总规划中首次将黑天空概念引入城市照明规划体系里。之所以提出“黑天空”这一概念，是想把看星星的权利还给孩子，把安静的夜晚还给动植物，“该亮的地方亮起来时，也要让该暗的地方暗下去”。“黑天空”区域并非完全不亮灯，而是可以设置功能性照明路灯，但完全不设置景观照明灯，同时对灯具的亮度、色温、射光等都有严格要求，最直观的判断方法是，完全没有散逸光，不会有上射光线。早在 2017 年杭州市政府公布《杭州市城市照明管理办法》时，就明确提出在城市道路、广场公园、西湖景区等区域设置功能照明设施外，还应该划定城市黑天空保护区。《杭州市主城区城市照明总体规划（2011～2020）》对西湖景区山体的亮灯场景进行细分，只在重大会议、节假日及活动期间全线亮灯，减少平日场景下的亮灯数量和亮灯时间。比如，可以考虑将一年的亮灯天数控制在 10%。最终形成鸟儿虫儿在树梢、草丛里安心睡觉，月色碎碎地洒满街道，树叶在银色月光中打着转，人们一抬头，就能看到满天繁星的美好夜晚，这是新时代的美丽中国新画卷。

第四节　美丽中国建设的路径

“美丽中国”是一个语言形象、内涵丰富的新发展目标。要实现这一关乎中华民族伟大复兴和中国人民幸福生活的宏伟蓝图和美好愿景，就必须紧紧抓住有条件、有能力解决生态环境突出问题的窗口期，加快推进绿色发展、构建绿色生产方式和生活方式，着力解决突出环境问题，打响污染防治攻坚战，加大生态系统保护和修复，推动美丽中国建设不断迈上新台阶。

一、构建绿色生产方式

从“经济发展与环境保护相结合，决不走先污染后治理的路子，建设资源节约型与环境友好型社会”，到“绿水青山就是金山银山”，生态文明理念的不断深化与发展必将推动美丽中国目标的实现。绿色发展是新发展理念的重要组成部分，是建设美丽中国的重要内容。要实现绿色发展，必须改变传统的经济发展模式，调整产业结构和能源结构，提升能源使用效率。

（一）建立健全绿色低碳循环的经济体系

我国环境问题的产生与经济发展方式息息相关，解决污染问题的治本之策是建立健全绿色低碳循环的经济体系。这就要建立绿色生产方式，减少资源能源消耗，减少污染排放，减少生态破坏。要做好自然资本核算和生态服务估价，打牢绿水青山转变为金山银山的经济基础，把生态价值内化为增长动力。深入实施供给侧结构性改革，做好传统产业生态化、循环化、低碳化转型发展，加快火电、钢铁等高排放行业超低排放改造，实施重污染行业达标排放改造，同时推进煤炭清洁化利用，加快解决风、光、水电消纳问题。发展生态环境服务业，推广节能、节水服务产业等新型业态模式，培育壮大以新能源、电动汽车等生态产业和产品为主体的绿色环保产业，发展生态有机农业。

（二）构建市场导向的绿色科技创新体系

科学技术是第一生产力，绿色科技创新是破解资源环境约束的根本之计，是推进生态文明建设的重要着力点。构建市场导向的绿色技术创新体系，就是要“发挥市场对技术研发方向、路线选择、要素价格、各类创新要素配置的导向作用，让市场真正在创新资源配置中起决定性作用”[①]。要面向市场需求促进绿色科技研发，设计技术研究路线，推动绿色技术转化；充分发挥企业在绿色科技创新中的主体地位和作用，真正使企业成为绿色科技创新决策、研发投人、科研组织和成果转化的主体，加快培育形成一批具有国际竞争力的绿色创新型领军企业；完善推进绿色科技创新的体制机制和配套政策。政府要更好地发挥作用，加大对绿色科技领域基础研究的投入，做好科技创新风险兜底，完善知识产权保护制度，保护企业创新权益；搭建科研院校与企业绿色科技交流平台，打通绿色科技从实验室到企业再到市场的中梗阻；加快发展绿色金融，支持金融机构加大对绿色科技的投融资服务。

（三）推进资源全面节约和循环利用体系

节约资源是我国的基本国策。习近平总书记强调：“绿色发展是新发展理念的重要组成部分……目的是改变传统的‘大量生产、大量消耗、大量排放’的生产模式和消费模式，使资源、生产、消费等要素相匹配相适应，实现经济社会发展和生态环境保护协调统一、人与自然和谐共处。”[②] 推进资源全面节约和循环利用，建设资源节约型社会，要强化能源消耗总量和消耗强度双控制度，完善立法，严格执行《中华人民共和国节约能源法》，加大违法惩罚力度；严格税收制度，对于资源消耗型的粗放式企业征收高税，通过税收手段调节排放行为；完善市场化节能减排机制，推行阶梯电价、水价、气价，拉大阶梯价格差距，倒逼企业节约资源，逐步提高能效标准，更新能效标识，做好市场导向，鼓励消费端选择高能效产品，逐步实现消费产品换代升级。

二、形成绿色生活方式

倡导简约适度、绿色低碳的生活方式。绿色发展方式与生活方式是从根本上进行生态治理的重大选择。习近平总书记强调：“绿色生活方式涉及老百姓的衣食住行。要倡导简约适度、绿色低碳的生活方式，反对奢侈浪费和不合理消费。”[③] 要加强生态文明宣传教育，组织开展绿色低碳理念宣传活动和科普活动，营造绿色低碳生活的舆论氛围，增强人民群众转向绿色低碳生活的思想自觉和行动自觉；强化公民环境意识，引导居民转变消费观念，倡导勤俭节

① 中共中央党史和文献研究院编：《十九大以来重要文献选编》（上），中央文献出版社 2019 年版，第 466 页。

② 习近平：《推动我国生态文明建设迈上新台阶》，《求是》2019 年第 3 期。

③ 习近平：《推动我国生态文明建设迈上新台阶》，《求是》2019 年第 3 期。

约、绿色低碳消费。从生活小细节入手，倡导节水节能节电，鼓励居民使用环保用品，倡导重复使用和循环使用，积极倡导绿色低碳出行。

（一）树立绿色消费观

消费是人们生活活动中的一个关键环节，对绿色生活方式的形成具有重要作用，所以推动形成绿色生活方式首先要树立绿色消费观。实践证明，一个人的世界观、人生观、价值观和生活观会对其生活方式和消费倾向产生重要影响。当工业文明发展到一定阶段时，工业化带来的经济快速增长和物质的极大丰富不断刺激和催生着消费主义，这种永不停歇的物质追求所形成的生活方式不仅不会给人们带来幸福，相反，会进一步强化过度生产和异化消费，更大程度地造成对自然资源的巨大浪费和对生态环境的严重破坏，加重生态环境危机。受消费主义价值观的诱导，消费主义生活方式往往会通过消费购物、奢侈消费、物质享乐等形式表现出来，人类将在此类生活方式中陷入被异化和物化的境地，从而失去向更高层次、更高境界全面发展的机会。

因此，在消费观念上，我们应由“以物为本”向“以人为本”进行转变，了解消费背后的生态成本和生态影响，树立健康的绿色消费观，即在进行消费选择时，尽量消耗较少的自然资源来满足生活需要，优化生活质量，促进物质循环利用，防止生活废弃物进入到自然系统；崇尚健康、低碳、绿色的生活方式，以自然为友，简约适度是绿色消费观的核心理念，首先要意识到物质消费并不是幸福本身，而只是人的幸福体验的一个重要载体，真正的幸福应当是健康、绿色的，不仅满足人的美好生活需要，而且能够促进生态环境保护和人的全面发展以及幸福指数的提升。

（二）培育绿色生活风尚

“在今天的大众社会，只要让百分之一的人真心作出与主流人群相反的选择，就足以形成一次能改变世界的运动。”滴水难成海，独木不成林，美国的马克·佩恩和扎莱纳在《小趋势——决定未来大变革的潜藏力量》书中的这一经典论述令人深思。构建绿色生活方式不是某个人的事情，而是全社会、全人类共同的愿景和行动。因此，应号召公众选择绿色生活方式，在全社会凝聚起构建绿色生活方式的磅礴之力，共同为构建绿色生活方式而努力。此外，我们还应建立健全社会化参与机制，鼓励各级政府、社会组织积极开展绿色生活、绿色消费活动，增强企事业单位、公共机构办公地点的节能意识，支持低碳企业，开展企业生态文化建设，为企业发展注入生机和活力。改变企业的价值观念，减少不必要的使用，杜绝浪费，增强其经济活动的环境成本意识，规范其生产办公行为，建立长效机制。构建节约机关，开展以节约、节能为主题的“绿色办公”活动。推行“绿色采购”“节能降耗”和“无纸化办公”等一系列行动，加强日常管理，逐步建立完善能耗定额管理制度和能耗统计体系。

（三）加强绿色生活教育

深入开展绿色生活教育，不断增强人们的绿色生活意识。绿色生活教育的首要任务是在民众中树立绿色消费理念，倡导绿色消费和适度消费。大力宣传倡导节俭文明的生活方式，号召大家从自身做起、从身边的小事做起，使干部群众树立适度消费、节制消费、健康消费、公平消费、精神消费等生态消费理念，厉行节约，物尽其用，积极倡导绿色生活，维护自然生态平衡。

学校是绿色生活教育的主阵地，应培养学生养成绿色生活和绿色消费的习惯，为学生走向社会打下良好的理论和行为习惯基础，大力践行“以文化人”的理念，把绿色生活理念和绿色生活方式等内容融入日常学习课程。

此外，社会是人们生活的重要空间，对绿色生活方式的构建至关重要。应加强社会组织的绿色生活的传播功能，加强社区的绿色生活理念的培育功能和社会主流媒体的舆论引导功能，促进国民绿色生活方式的形成。

综上所述，为应对工业化所带来的生态危机，首先要在消费理念上与消费主义的生活方式彻底决裂，重新构建起绿色消费理念，通过培育绿色生活新风尚和加强绿色生活教育，倡导绿色低碳循环的生活方式，使更多的人、更多的组织和机构加入到绿色消费和绿色生活中来，形成绿色消费的主流价值观，以更好地推动生态文明建设。

三、打响污染防治攻坚战

习近平总书记强调“环境保护和治理要以解决损害群众健康突出环境问题为重点”[①]，要从影响群众生活最突出的事情做起，聚焦问题，瞄准“痛点”，打赢污染防治攻坚战。

（一）实施大气污染防治，打赢蓝天保卫战

打赢蓝天保卫战，是决胜全面建成小康社会的重要内容。针对大气污染防治，早在2013年9月国务院就发布实施了《大气污染防治行动计划》。2018年7月3日，国务院印发的《打赢蓝天保卫战三年行动计划》中明确了大气污染

① 中共中央文献研究室编：《习近平关于社会主义生态文明建设论述摘编》，中央文献出版社2017年版，第84页。

防治的具体空气质量指标，提出了明确的目标要求，凸显了坚决打赢蓝天保卫战的决心。为了顺利完成这一目标，党的十八大以来，各地区坚持标本兼治和专项治理并重、常态治理和应急减排协调、本地治污和区域协作相互促进原则，促进全社会共同行动，积极开展了京津冀及周边、长三角、汾渭平原等重点地区的大气污染治理攻坚协作。从行业层面，聚焦燃煤、机动车、工业、扬尘四大重点领域，统筹实施“压减燃煤、控车减油、治污减排、清洁降尘”等协同措施，大力发展清洁能源和新能源，加大可再生能源消纳力度，解决弃水、弃风、弃光问题；同时，提高建筑能效，推广绿色建筑；优化交通运输结构，提升油品质量，减少移动源污染物排放。通过多管齐下，协同治理，在大气污染防治工作中取得了明显成效，向人民群众交出了一份满意的答卷。

（二）实施流域和海域的水污染综合治理

水环境保护事关人民群众切身利益。为了切实加大水污染防治力度，保障国家水安全，2015 年我国出台了《水污染防治行动计划》，即“水十条”，坚持问题导向，重拳出击、重典治污，共提出 6 类主要指标 26 项具体要求，全力保障水生态环境安全，特别是要求从保障饮用水水源安全、强化饮用水水源环境保护、防治地下水污染、深化重点流域污染防治、加强良好水体保护、整治城市黑臭水体等多个方面加强治理，确保各项措施的科学性和精准性，以取得理想治理成效。

实施水污染防治，要做好重点防治、协同防治。一是加快补齐城镇污水收集和处理设施短板，加快治理黑臭水体。二是推进重点流域和近岸海域综合整治。协同管理地表水与地下水、淡水与海水、大江大河与小沟小河。要打好长江保护修复攻坚战，共抓大保护，不搞大开发。要做好水源地保护，全面提升饮用水水源地的水质安全保障水平。三是发挥中国特色的河长制、湖长制等制度优势，强化责任落实，力保河湖实现从“没人管”到“有人管”、从“管不住”到“管得好”、从“没人治”到“治得好”的转变。

（三）强化土壤污染管控修复，强化农业面源污染治理

土壤是经济社会可持续发展的物质基础，土壤污染直接影响农作物生长，关乎老百姓的“米袋子”“菜篮子”“水缸子”的安全，关系人民群众身体健康。针对我国土壤环境污染较为严重的总体状况，2016 年 5 月国务院印发《土壤污染防治行动计划》，即“土十条”，确定了强化未污染土壤保护、加强土壤污染源监管、开展土壤污染治理与修复等十项“硬任务”。2019 年 1 月 1 日，《土壤污染防治法》正式实施，保护主体进一步明确，对污染土壤违法

行为的法律问责更加严格。

土壤污染治理和修复要抓住重点，以耕地和建设用地土壤污染防治为重点，着力保障农产品安全和人居环境健康。在土壤污染防治的具体方式上，要分类施策，针对不同污染程度、不同污染类型开展土壤污染治理试点和示范项目，逐步探索建立土壤污染治理修复技术体系和标准体系；建立健全土壤污染防治管理体制，厘清土壤污染防治有关部门的权限和职责，加强各部门分工和协作。加强农业面源污染治理，推动化肥、农药使用量零增长，提高农膜回收率，加快推进农作物秸秆和畜禽养殖废弃物全量资源化利用。

（四）积极参与全球环境治理，落实减排承诺

早在2015年，中国就主动承担起减排责任，作出自主减排承诺。[①] 2020年9月22日，习近平总书记首次提出中国将于2030年前实现碳达峰、2060年前实现碳中和目标。[②] 之后，他又多次在国际、国内重大场合就这一目标发表重要讲话，强调要把碳达峰、碳中和纳入生态文明建设整体布局。2030年前实现碳达峰、2060年前实现碳中和目标是党中央统筹国际、国内两个大局作出的重大战略决策，是实现经济高质量发展、推动生态文明建设的必然要求，体现了我国主动承担应对气候变化的国际责任、积极推动构建人类命运共同体的责任担当，为我国应对气候变化、转变发展方式和推动绿色发展指明了方向、擘画了蓝图。下一步，要继续坚持环境友好，与世界各国一道，协同合作应对气候变化，以《巴黎协定》通过为契机，尽快推动协定早日生效，同时坚持共同但有区别的责任原则、公平原则、各自能力原则，按照巴黎大会授权，稳步推进后续谈判。要推进绿色“一带一路”建设，深化沿线各国环保合作，丰富合作机制和交流平台，全面推进“五通”绿色化进程。要坚持绿色低碳，推动国际社会加强技术合作，构建“尊崇自然、绿色发展”的全球生态体系，为建设美丽清洁的世界而共同努力。

四、加强生态保护与修复

我国生态环境矛盾有一个历史积累过程，也不可能指望短期内彻底改变。对此，要树立长期作战思想，大力实施生态保护和修复工程，逐渐恢复生态系

① 参见习近平：《携手构建合作共赢、公平合理的气候变化治理机制——在气候变化巴黎大会开幕式上的讲话（全文）》，新华网，2015年12月1日，http：//www. xinhuanet. com//world/2015-12/01/c _ 1117309642. htm。

② 参见习近平：《在第七十五届联合国大会一般性辩论上的讲话》，习近平系列重要讲话数据库，人民网，2020年9月23日，http：//jhsjk. people. cn/article/31871241。

统整体功能。

（一）构建生态廊道和生物多样性保护网络

生态廊道具有保护生物多样性、防止水土流失、过滤污染物、防风固沙、调控洪水等多种功能。近年来，我国十分重视生态廊道建设和生物多样性保护，积极履行《生物多样性公约》及其议定书，超过90%的陆地自然生态系统类型、89%的国家重点保护野生动植物都得到了较好的保护。

构建生态廊道和生物多样性保护网络，要坚持国家和区域“两条腿”走路。既要推动基于国家顶层设计的国家尺度生态廊道，也要推动长江经济带等区域生态廊道建设。同时，还要从打造人类命运共同体的角度，建设“一带一路”等跨境生态廊道。要加强生物多样性调查观测和科学研究，完善自然保护区网络，强化生物多样性保护监管，加大宣传力度，促进全社会共同参与生物多样性保护。

（二）划定生态保护、基本农田、城镇开发三条控制线

党的十八大以来，党中央多次提出要构建空间规划体系。党的十九大明确提出要“完成生态保护红线、永久基本农田、城镇开发边界三条控制线划定工作”。划定并守住三条控制线，旨在处理好生活、生产和生态的空间格局关系，通过构建科学合理的城镇化推进格局、农业发展格局、生态安全格局，促进经济社会发展与资源环境承载能力相适应。

目前，我国已经基本建立了生态保护红线制度。生态保护红线划定正按照党中央部署稳步推进，永久基本农田划定工作总体完成，城镇开发边界划定试点工作有序推进。划定“三线”是第一步，不能只是划完了事，守住“三线”才是关键。必须严格执行、有效监管，形成与之相配套的管理机制和监督政策，加大约束力度。必须强化精细化、高效化管理。由于“三线”涉及面广，需要考虑与土地开发、政府考核等各项政策的综合性和协同性，做好各项政策的统筹，保障“三线”权威。

（三）开展国土绿化行动，推进山水林田湖草综合治理

开展国土绿化行动，是建设生态文明和美丽中国的重要举措。要继续发扬中华民族爱树植树护树好传统，全国动员、全民动手、全社会共同参与，持续推进荒漠化、石漠化、水土流失综合治理，持续抓好国土绿化、防沙治沙、水土流失治理，持续推进“森林城市”“森林乡村”建设，着力改善乡村人居环境，推动国土绿化不断取得实实在在的成效。

统筹推进山水林田湖草综合治理，要从系统工程和全局角度谋划。推进山水林田湖草生态保护修复工程试点，全面推进水土保持监测及信息化建设，提升水土保持社会管理、公共服务能力和行业发展水平。强化湿地保护和恢复，确保现有湿地面积不减少，实行湿地保护目标责任制，严格湿地用途监管，编制湿地保护修复工程规划。完善天然林保护制度，扩大退耕还林还草面积。

（四）建立多元化生产品价值实现机制

2018年，国家发改委、财政部、自然资源部、生态环境部等9部门联合印发《建立市场化、多元化生态保护补偿机制行动计划》通知，提出健全资源开发补偿制度、发展生态产业、完善绿色标识、建立绿色利益分享机制等9方面重点任务。建立市场化的生态补偿机制，要突出市场主导作用，明晰市场准入规则、市场竞争规则和市场交易规则，确立市场化生态补偿标准。同时，政府监管职能要到位，维护好市场秩序，抵制生态补偿投机交易，切实发挥生态补偿的重要作用。生态补偿是使“绿水青山”转变为“金山银山”的重要途径，也是我国扶贫攻坚的重要手段。通过生态补偿，可以丰富生态资源，转变生态保护地区的生产生活方式，拓宽农牧民收入渠道，有效增加生态产品和服务。建立与完善多元化生态补偿机制，还要从生态补偿参与主体多元、补偿标准多元方面入手，允许民间组织和资金参与其中，创新生态产品价值实现机制，可以采用实物、技术、项目等多种方式推进生态补偿工作。

第三章

美丽中国建设的全民行动

我们明确了美丽中国的建设目标和路径，那么美丽中国要靠谁来建设呢？美丽中国是我们共同的梦想，而实现这一梦想需要我们的共同努力。习近平总书记提出了美丽中国建设的全民行动观，告诉我们每位建设者都肩负着各自的重要责任，在党的坚强正确领导下，通过政府、企业、社会组织和公众的各方合力，实现美丽中国的梦想。

第一节　美丽中国建设全民行动观

全民行动观是生态文明建设的行动基础。美丽中国是人民群众共同参与、共同建设、共同享有的事业，既需要政府自上而下的制度设计，也需要群众自下而上的全民行动，形成人人参与、人人共享的强大合力。

一、美丽中国建设全民行动观

党的十九大报告指出："构建政府为主导、企业为主体、社会组织和公众共同参与的环境治理体系。"[①] 习近平总书记强调："各级党委和政府要自觉把经济社会发展同生态文明建设统筹起来，坚持党委领导、政府主导、企业主体、公众参与，坚决摒弃'先污染、后治理'的老路，坚决摒弃损害甚至破坏

① 习近平：《决胜全面建成小康社会　夺取新时代中国特色社会主义伟大胜利——在中国共产党第十九次全国代表大会上的报告》，中国政府网，2017 年 10 月 27 日，http：//www.gov.cn/zhuanti/2017-10/27/content_5234876.htm。

生态环境的增长模式。”[①] 同时，进一步阐明了美丽中国建设过程所必须树立的全民行动观：“生态文明是人民群众共同参与共同建设共同享有的事业，要把建设美丽中国转化为全体人民自觉行动。每个人都是生态环境的保护者、建设者、受益者，没有哪个人是旁观者、局外人、批评家，谁也不能只说不做、置身事外。要增强全民节约意识、环保意识、生态意识，培育生态道德和行为准则，开展全民绿色行动，动员全社会都以实际行动减少能源资源消耗和污染排放，为生态环境保护作出贡献。”[②]

全民行动观回答了美丽中国的建设者是谁的问题，为我们指明了行动的准则和方向，也明确了各行为主体的责任。党委政府是主导力量，负责制度的顶层设计、实施、监督和强大的社会动员；企业是责任主体，要主动承担起环境社会责任，把好污染源头，转变生产方式，生产绿色产品，承担好生产者延伸责任；社会组织和公众要积极响应，广泛参与到全民绿色行动中，用绿色理念引领绿色生活。

二、怎么理解全民行动观

美丽中国的优良生态环境具有公共产品的属性，我们每个人都有享有它的权利，也有呵护它的责任和义务。

“良好生态环境是最普惠的民生福祉。”[③] 新鲜的空气、清洁的水源、放心的食物、安全的居住环境是人人都需要的环境产品，但是像空气、水等环境要素，具有公共产品的属性，我们都共同享有这些环境要素。另一方面，这些环境要素的好坏，又与每一个个体密切相关，无论是企业的生产行为还是公众的衣食住行等生活消费行为，都会对环境产生不同程度的负外部性影响。所以，必须有意识地要求我们的生产生活行为符合生态环保的要求，让我们的每一次绿色消费、每一次垃圾分类、每一次绿色低碳出行都为保护蓝天白云、呵护绿水青山作出一份正向的贡献，汇聚起来的努力就会使美丽中国的梦想又向前迈进一大步。

“美丽中国”的目标以非常具象而又顺应民意的亲和力直达民心，体现了我们党在生态文明建设中的“中国智慧”，更容易唤醒公众在环境治理过程中的主人翁意识。这种主人翁意识能够更好地提高促进环境意识，更有利于推动形成生活方式以及消费模式向着简约适度的合理消费、绿色低碳的绿色生活转

---

① 习近平：《推动我国生态文明建设迈上新台阶》，《求是》2019 年第 3 期。

② 习近平：《推动我国生态文明建设迈上新台阶》，《求是》2019 年第 3 期。

③ 习近平：《推动我国生态文明建设迈上新台阶》，《求是》2019 年第 3 期。

变。“温饱到环保”“生存到生态”，人民对美好生活的向往，已经从内在唤醒了环保意识，改变了对人与自然关系的认识，从行动上产生强烈的意愿并最终形成全民的行动自觉。

第二节　党委政府在美丽中国建设中发挥主导作用

“坚持党委领导、政府主导、企业主体、公众参与”①，其中各参与主体目标一致，但因其在社会中的位置不同而承担的责任不同。明确责任的目的是为了更好地尽职履责。

一、生态环境是关系党的使命宗旨的重大政治问题、政治责任

“生态环境是关系党的使命宗旨的重大政治问题，也是关系民生的重大社会问题。”② 作为马克思主义的政党、中国工人阶级的先锋队，中国共产党就必然要承担起这一神圣的使命，直面这一重大社会命题。在这样的责任和使命面前，习近平总书记坚定地表明了我们共产党人的决心和态度：“我国生态环境矛盾有一个历史积累过程，不是一天变坏的，但不能在我们手里变得越来越坏，共产党人应该有这样的胸怀和意志。”③

中华人民共和国成立以来，党和政府就一直致力于改善人民的生活和环境，绿化造林，治沙治水，建立了环境保护的框架体系。但是，随着经济社会的高速发展，中国社会以几十年的时间走过了发达资本主义国家数百年的发展历程，由此也带来了巨大的生态环境压力。

党的十八大以来，生态文明建设放在了突出的地位，党的一系列重大决策无不体现生态文明的要求。党的十八大审议通过的《中国共产党章程（修正案）》中将“中国共产党领导人民建设社会主义生态文明”④ 写入其中。十八届三中全会把“生态文明制度体系”作为全面深化改革的五大体制改革要点之一；紧接着四中全会重点提出了必须“用最严格的法律制度保护生态环境”。十八届五中全会提出五大发展理念，将绿色作为国民经济发展规划实施的

① 习近平：《推动我国生态文明建设迈上新台阶》，《求是》2019 年第 3 期。

② 习近平：《推动我国生态文明建设迈上新台阶》，《求是》2019 年第 3 期。

③ 习近平：《2014 年 3 月 14 日在中央财经领导小组第五次会议上的讲话》，《习近平关于社会主义生态文明建设论述摘编》，中央文献出版社 2017 年版，第 8 页。

④ 《中国共产党章程》，人民出版社 2017 年版，第 14 页。

主线。

党的十九大报告提出，“坚持人与自然和谐共生”① 的理念。2018 年，召开全国生态环境保护大会，在这次大会上，习近平总书记进一步强调：“生态文明是中华民族永续发展的根本大计。”② 这一系列的生态文明思想理论成果和实践探索汇聚形成了习近平生态文明思想。

以习近平生态文明思想为指引，坚持和完善生态文明制度体系，“到 2035 年广泛形成绿色生产生活方式，碳排放达峰后稳中有降，生态环境根本好转，美丽中国建设目标基本实现”③。而“我国力争 2030 年前实现碳达峰，2060 年前实现碳中和，是党中央经过深思熟虑作出的重大战略决策，事关中华民族永续发展和构建人类命运共同体”④。这一系列的重大决策，在困扰束缚人类社会发展的环境、生态以及资源等危机面前，彰显了党的使命担当和勇气智慧。

坚持党对生态文明建设的领导，是让生态文明建设的政治责任能够得以落实的前提。要通过加强制度建设，使党政领导的环境责任得以严格落实，这些制度主要包括：生态文明建设目标评价考核、自然资源资产离任审计、生态环境损害责任追究以及中央环境保护督察制度等。⑤

习近平总书记在谈到水污染治理时指出：“水是公共产品，政府既不能缺位，更不能手软，该管的要管，还要管严、管好。水治理是政府的主要职责，首先要做好的是通过改革创新，建立健全一系列制度。”⑥ 包括水、大气、土壤等在内的环境要素的公共产品属性，也决定了政府在环境治理中的主导地位；一方面是要弥补市场经济局限性的必然要求，由于在社会公共产品供给机制中市场经济这只“看不见的手”会出现“市场失灵”的情况，从而导致环境保护领域经常发生“公地悲剧”以及其“负外部性”产生的破坏影响；另一方面这也是政府职能所在，一个地区、一个国家乃至全球的环境治理属于公共事务，因此这是一个兼具公共性、复杂性以及长期性的人类最伟大的事业，只有

---

① 习近平：《决胜全面建成小康社会　夺取新时代中国特色社会主义伟大胜利——在中国共产党第十九次全国代表大会上的报告》，中国政府网，2017 年 10 月 27 日，http：//www.gov.cn/zhuanti/2017-10/27/content_5234876.htm。

② 习近平：《推动我国生态文明建设迈上新台阶》，《求是》2019 年第 3 期。

③ 《中国共产党第十九届中央委员会第五次全体会议公报》，中国政府网，2020 年 10 月 29 日，http：//www.gov.cn/xinwen/2020-10/29/content_5555877.htm。

④ 习近平：《2021 年 3 月 15 日在中央财经委员会第九次会议上的讲话》，中国政府网，2021 年 3 月 15 日，http：//www.gov.cn/xinwen/2021-03/15/content_5593154.htm。

⑤ 参见习近平：《推动我国生态文明建设迈上新台阶》，《求是》2019 年第 3 期。

⑥ 习近平：《2014 年 3 月 14 日在中央财经领导小组第五次会议上的讲话》，《习近平关于社会主义生态文明建设论述摘编》，中央文献出版社 2017 年版，第 105 页。

依靠政府的宏大机能，发动社会各方力量，投入到环境治理事业中去。

二、发挥好政府保障、引导和动员作用

政府的主导作用还体现在保障、引导和广泛的社会动员方面。

政府要通过完善体制机制、建立健全法律体系、建立环境信息发布机制和公众热线等沟通渠道，保障公众的环境权益，实现公众的知情权和表达权，落实公众的参与权和监督权。从而使公众真正完成从“抱怨旁观”到“建言献策”的重要转变。

通过制定“生活方式绿色化”的政策措施，积极推动引导公众的绿色发展意识，形成绿色生活方式。例如《关于加快推动生活方式绿色化的实施意见》《关于全面深入推进绿色交通发展的意见》《关于进一步加强塑料污染治理的意见》《关于加强快递绿色包装标准化工作的指导意见》等政策的出台，都对推动“生活方式绿色化”起到正确的引导作用。政府率先垂范，打造绿色机关，建立绿色采购制度；向公众传播绿色发展理念，倡导绿色消费绿色生活方式；规范、引导、扶植生产、运输、服务企业在产业发展中积极采用绿色技术，不断研发绿色产品。

建设天蓝水清地绿的美丽中国是全社会的共同责任，也是一个深刻的社会变革，必须广泛动员全社会力量参与，渗透到社会生活的方方面面。这要求政府发挥好其社会动员作用，构建生态环境保护的共治格局。

例如，要把教育的力量动员起来，把生态文明思想和生态环保知识教育纳入国民教育体系和党政领导干部培训体系，以更好地开展生态文明宣传教育，让绿色发展理念深入人心。再比如，积极开展生态文明示范创建工程，开展绿色系列创建（绿色家庭、绿色社区、绿色机关、绿色学校等），发挥“绿色”群体的动员、组织以及示范作用。

另外，政府要善于运用基于市场的政策工具，利用利益驱动机制促进绿色消费。例如，对水电等资源型消费采用阶梯价格调节机制，区域性机动车停车差别化收费标准，对高消耗产品增收消费税，对绿色产品进行优先采购并给予消费补贴等软的措施，实行“禁塑、禁一次性用品”“谁污染谁买单”以及碳排放交易制度等强制手段，促使公众养成绿色生活方式。

党的十九大报告指出：“要着力解决突出环境问题。”“强化排污者责任，健全环保信用评价、信息强制性披露、严惩重罚等制度。构建政府为主导、企

业为主体、社会组织和公众共同参与的环境治理体系。”① 美丽中国建设需要的是一个人人有效参与的大环保格局，需要加强公众沟通、做好信息公开，政府、企业、社会组织和公众之间消弭隔阂，建立互信，携手共建现代化的环境治理体系。

第三节　企业在美丽中国建设中肩负主体责任

企业是美丽中国的一线建设者，应主动承担环境治理主体责任，做高质量发展的践行者，积极关注环保产业，做污染防治攻坚战的助推者。

一、企业不可推卸的生态环境责任

从工业文明开始以来，与人类社会的发展伴生的便是不断加剧的对地球资源的大量吞噬，对自然生态环境的严重污染破坏，通过资本驱动的生产企业为追逐利润不曾停歇脚步。当生态危机爆发，无数次恶性环境事件不断警醒我们，企业的生产不能仅仅以利润最大化为目的，它必须要以环境友好、可持续为前提。在消除生态危机历史任务面前，企业作为生态危机的始作俑者有着不可推卸的责任。

在传统的工业社会中，企业的生产对物料、能源的高消耗具有不可持续性，物料、能源利用率不高，大量的废弃物既浪费了资源又污染了环境，对生态造成难以逆转的破坏。污染治理的成本、生态修复的成本、对人类健康损害的成本以及对生物多样性的损害等，皆为企业生产的负外部性作用的后果，而这却要由整个社会来承担，人类社会为此付出了惨痛的代价。工业化国家频发的各种公害事件引起广大受害者强烈谴责，也警醒社会和公众，要求企业生产者承担起对环境保护的社会责任，即要求它们不能以损害生态环境获取经济利益。“企业环境责任是企业在谋求自身经济利益最大化的同时，运用科学技术手段进行科学生产和经营，以履行保护生态环境、节约自然资源、维护环境公共利益的社会责任。”②

① 习近平：《决胜全面建成小康社会　夺取新时代中国特色社会主义伟大胜利——在中国共产党第十九次全国代表大会上的报告》，中国政府网，2017 年 10 月 27 日，http：//www.gov.cn/zhuanti/2017-10/27/content_5234876.htm。

② 高清：《论企业环境责任的建构》，《法学杂志》2009 年第 7 期。

企业作为社会的主体成员，具有造福社会的道德责任，否则，迟早会失去消费者的信任而被市场淘汰。而企业具有追逐利润的本性，要求其承担环境责任必然要有法律法规的强制约束才能够实现。因此，企业的环境责任体系的建立既要有道德的自愿又要有法治的强制。

二、在道德层面企业要主动承担生态责任

企业生产过程是对人和自然关系的扰动，因此要认识到保持可持续的生产方式是企业应有的责任担当，要对全人类（包括子孙后代）和大自然负责。

企业的生态责任要求企业在专注利润的同时，也必须主动承担起对环境、社会和利益相关者的责任。其对于环境的主要责任是消耗较少的资源，排放较少的废弃物，致力于可持续发展。生态责任意识应贯穿于企业行为的始终，而非仅仅是污染之后的善后。

企业要主动担负起生产者延伸责任，不仅关注生产过程中的环境责任，也要关注产品售后的环境责任，积极建立逆向物流回收体系，在实现物质的循环利用的同时保护生态环境。企业要成为绿色发展理念的积极践行者，投入绿色产品设计、选用绿色环保材料、改进生产工艺降低能耗，在采购、包装、运输等环节推行绿色标准，做好废弃产品回收处理，实现产品全周期的绿色环保。

例如，海尔作为一家在全球家电领域影响较大的品牌，一直坚持以“绿色产品、绿色企业、绿色文化”作为企业的经营战略，践行绿色、低碳承诺，将绿色理念渗透到企业发展战略和企业文化中，为全球消费者提供最领先的绿色生活解决方案，从设计到产品的制造、销售，再到废旧电器的回收、处理及利用，每个运营环节都坚持绿色低碳理念，实现企业绿色价值，不断推动社会持续、低碳、和谐发展。

三、通过制度和法律压实企业生态责任

在大力倡导生态文明建设的形势下，生态环境领域违法犯罪现象依旧突出，例如建设单位未批先建、批建不符现象大量存在，生产企业超标排污，暗管偷排，非法处置危险废物。究其根本原因是没有有效的法律约束，生态环境违法成本低的问题没有根本解决。

因此，建立健全完善的企业环境法律法规体系，推行企业环境信息披露制度，加大专业机构、社会公众参与督察力度，层层压实监管责任，推动企业履行其环境社会责任。

让企业承担环境社会责任的目的，就是为了让企业将其负外部性环境行为

成本内化到其经营活动中。通过环境法律法规把企业的环境义务固定，使其把自身的行为限定在准许的范围之内，如果违反法律义务，则会承担相应的法律后果。例如建立环境信用评估制度，对那些违法企业及其法人，将其列入失信“黑名单”。一旦进入“黑名单”，企业将受到惩戒，其融资、奖优等也将受到限制。

第四节 美丽中国建设中教育宣传的影响作用

宣传教育工作就是要让习近平生态文明思想更加深入人心，广泛凝聚社会共识，形成人人关心、支持、参与美丽中国建设的局面，为持续改善生态环境、建设美丽中国营造良好的社会氛围和坚实的社会基础。

一、美丽中国建设中教育宣传的核心任务

思想是行动的武器。在美丽中国建设中，加强教育宣传，以习近平生态文明思想为全民的行动指南，用以指导各项实践活动，从而培育起全社会生态文明行为准则，树立起人与自然是命运共同体的价值理念。教育宣传的核心主要包括以下几个方面：

第一，着力宣讲习近平生态文明思想。对于党政干部等关键群体，通过党校集中干部培训，深入研学习近平生态文明思想的核心要义，使之成为美丽中国建设的坚强领导力量；对全社会要大力宣讲习近平生态文明思想内涵要义，从现实、历史和世界维度认识生态文明建设的重大意义。

第二，大力宣传当前我们面临的严峻环境形势，党中央关于环境保护生态修复的重大决策部署，从而更好地凝聚社会共识，汇聚全民行动的力量，坚定保护生态环境的信心及决心，增强全民主动践行绿色价值理念的行为自觉。

第三，大力宣传各级党政部门在生态文明建设中落实“党政同责”及“一岗双责”的工作实效，从而用一个个鲜活生动的实践案例来阐明“绿水青山就是金山银山”的发展理念，使人民群众在实践的过程中增强美丽中国的认同感和获得感，坚定跟党一起建设美丽中国的决心。

第四，大力宣传战斗在生态环境保护领域的环保铁军的生动事迹。习近平总书记强调：“打好污染防治攻坚战时间紧、任务重、难度大，是一场大仗、硬仗、苦仗。”“要建设一支生态环境保护铁军，政治强、本领高、作风硬、敢担当，特别能吃苦、特别能战斗、特别能奉献。”“各级党委和政府要关心、支

持生态环境保护队伍建设，主动为敢干事、能干事的干部撑腰打气。”[①] 环境保护也是一场需要人人参与的人民战争，人民铁军为人民，人民群众更会感同身受，在铁军事迹的感召下勠力同心，赢得天蓝水净地绿地球保卫战的胜利。

二、宣传典型案例，营造绿色氛围

正面的典型案例具有示范引领作用，负面的典型案例具有警示禁止作用。以案示范、以案说法都更容易为社会公众接受理解。因此，在美丽中国建设的时代背景下，通过宣传典型案例，可以有效地营造良好的舆论氛围，推动生活方式绿色化广泛普及。

第一，善用各类媒体讲好“绿色生活就是新时尚”的绿色故事。例如走在垃圾分类前列的上海市，成功地把“垃圾分类就是新时尚”的故事讲到了全国，成为全民关注的热点，传统媒体和新媒体都发挥了重要的作用，时至今日，上海仍然在各类媒体上继续孜孜不倦讲述着垃圾分类的故事。通过不同形式、不同载体生动及时地宣传“生活方式绿色化”的事例，使得绿色理念更深入人心，从而在潜移默化中实现生活方式、消费模式的转变，使得俭约适度、绿色低碳、文明健康成为新的生活时尚。

第二，以“四进”拓宽宣传深度和广度。“四进”就是针对学校、企业、机关、社区等不同群体，进行近距离精准宣讲。针对不同群体的特点，把以“生活方式绿色化”为主题的宣传活动设计不同的内容和形式，开展一系列互动性强的现场交流，可以是学习知识类型的征文、竞答活动，也可以是服务类的投诉现场处理便民服务活动，还可以是志愿实践类的入户宣传、植树护绿等活动。通过这些活动，宣传绿色理念，唤醒大家的环境意识，促使大家行动起来，共同保护我们的生态家园。

第三，让正面的典型案例发挥示范引领作用。在推广宣传绿色生活方式的过程中，要注意寻找成功的典型案例，通过多种媒体形式进行展示。榜样的经验和做法对公众有良好的借鉴意义。也许这些榜样就在身边，并不是特别高大上，但是更具有亲和力、感召力、影响力。

第四，让负面的典型案例，起到警示教育作用。司法部门要通过媒体及时发布环境问题典型案例。对涉及解决人民群众反映强烈的大气、水、土壤污染等突出环境问题典型案例和重点区域的生态环境治理案例要加大宣传力度。推动企业、公众形成绿色生产方式绿色生活方式，对私益诉讼、公益诉讼和生态环境损害赔偿诉讼案例，加大宣讲力度，从生动的案例中学习环境保护的知识

---

① 习近平：《推动我国生态文明建设迈上新台阶》，《求是》2019 年第 3 期。

及相关法律法规。

第五，建立环境不文明行为投诉举报平台。通过投诉举报平台，发挥公众监督作用，使环境不文明行为无处藏身，并通过曝光批评迫使这些不文明行为做出改变，最终逐步形成广泛的“生活方式绿色化”普遍实践。

三、建立完善的生态文明教育体系

生态文明思想蕴含的尊重自然、顺应自然、保护自然的绿色价值理念是现代公民的精神骨架，教育是价值观传播的主要途径之一。要在全社会树立被普遍接受的绿色价值观，培育“生活方式绿色化”的行为自觉，还要建构一个完善的生态文明教育体系，把生态文明变成全民教育、终身教育，把生态文明作为一项投入少、收益高、可持续的环境治理工具，从源头上解决环境问题。人的环境素养是解决环境问题的关键，它不仅包括环境知识和技能，还包括环境意识和价值观。人们热爱环境才会保护环境，人们掌握环境知识才会保护环境。通过营造绿色生活方式的绿色文化环境，培养全体公民的绿色文化内在涵养和自觉性，使其树立尊重自然、顺应自然和保护自然的生态价值观，逐渐把自己培养成具有生态环境意识、生态法律意识、生态责任意识、生态伦理意识、积极热情为生态环境建设服务的绿色生态公民。生态文明教育体系主要包括学校教育、家庭教育和社会教育。

第一，把生态文明教育融入国民教育系列和干部培训体系之中。涵盖学前教育、小学教育、中学教育和高等教育的国民教育全过程以及干部培训体系，都要把生态环境知识和道德责任教育内容列入其课程设置，完善环保教育法以作为生态文明教育体系建设的法律保障和支撑。通过全过程的教育引导，有助于受教育者从小树立俭约适度、绿色低碳消费观和价值观，建立对自然生态的责任意识，能够自觉践行绿色发展理念、绿色生活方式。

第二，在家庭教育方面，家长是孩子生态道德教育的第一任老师，在日常生活中的所作所为会对孩子产生最直接的影响。其亲近自然、爱护环境、呵护动物花草的行为会正向传递给孩子，而乱扔垃圾、虐待动物等不良行为必然会对孩子产生负面影响。源于家庭的良好的生态道德教育能够帮助孩子形成健全的人格，养成正确的生态价值观。

第三，在社会教育方面，建立专兼结合的生态文明教育队伍。目前生态文明宣传教育的工作大部分是党委政府和生态环境部门、自然资源部门等单位承担，近年来取得了非常大的成效。但生态文明教育覆盖面广、内容复杂多样，需要社会各成员主体都参与进来，企业、社团、行业协会、志愿者组织等都亟待行动起来，成为生态文明教育的有生力量。生态文明建设是关乎人类生死存亡的千秋大业，是艰巨的、长期的系统工程。在新的征程中，我们都是战斗员，也是宣传员。

第五节　公众生态环境素养提升

公众的环境素养体现在对生态文明价值理念的内化和环境行为的外在实践，最终能够做到知行合一，形成有节制的消费习惯、爱护环境的生活方式、热爱自然的高尚情怀。

一、绿色发展理念引导绿色生活方式

理念是行动的先导，一定的发展实践都是由一定的发展理念来引领的。所以我们强调要坚持以绿色发展理念来引领形成绿色生活方式。

1. 绿色发展理念对生活方式的引导作用

绿色发展强调保护自然生态，充分利用资源、以人为本、善待环境，体现出一种社会价值观的生态化趋向和公众绿色意识的普遍觉醒，反映了人们对更高层次文明形态的向往和追求。

生活方式是在一定的发展理念指引下展开的，发展理念引导生活方式的选择、革新、养成、推广和完善。绿色发展理念的出现要求社会生活方式也必须具有“绿色性”，从根本上改变过去把物质消费水平作为评价生活方式的唯一标准，以有利于个人、社会和自然的绿色、和谐、全面发展为新的评价标准，以绿色发展理念为全新的生活准则。有学者把这样的绿色健康的生活方式形象地概括为热爱生命的有机生活、道法自然的智慧生活、按照天时的作息生活、顺应季节的饮食生活、节俭消费的低碳生活。

2. 绿色生活方式

绿色生活方式是指一种与自然和谐共存，在满足人类自身需求的同时尽最大可能地保护自然环境的生活方式，实质上是通过充分考虑资源环境承载力来平衡人类社会的需求，达到保护自然资源、动植物栖息地、生物多样性，实现经济社会可持续发展的目的。

我们普遍认为“绿色”对人类而言代表着人类的健康、自然生命的活力，也代表着对自然环境的保护。所以我们倡导的绿色生活方式其本质上是有益于自然的，在人类的态度上是亲近自然、热爱自然的，生活的行为上是注重环保、节约资源的，消费模式是绿色低碳、简约适度的。

二、通过赋权激发调动公众参与的积极性

坚持建设美丽中国全民行动："每个人都是生态环境的保护者、建设者、受益者，没有哪个人是旁观者、局外人、批评家，谁也不能只说不做、置身事外。"①

建设美丽中国要靠大家共同努力才能完成，破坏环境仅一人就可实现。树木需众人植、众人护，才能成林；而百亩树林，可以毁于一旦。这是当前我们要过可持续生活的艰难所在，只有让所有人都参与进来的集体行动，才有可能从根本上逆转生态危机。

生态文明建设大业是靠人民群众共同努力才能完成的，这是一项共建、共享的伟大事业，因此，在实践中要把"共建美丽中国"转化为全体人民的自觉行动。这需要全社会大力倡导生态文明价值理念，宣传学习生态环境保护知识，通过体制机制建设保障公众的环境权益，落实其知情权、参与权、决策权，支持其环境公益诉讼权，积极打造绿色行动体系。

在治理生态环境的过程中人们认识到，生态环境治理不单单是政府一方的事务，而是需要更多的人或组织参与进来，因此，生态环境治理中的基层民主政治应运而生。基层民主主要把公共政策领域通常自上而下的方法颠倒过来，让公众和社会组织有权决定自己的生态命运和社会命运，也让公众有权探寻一种对环境和社会负责任的生活方法。人们逐步认识到生态风险的解决，不仅是政府的责任，也需要建立公众参与的政治民主制度，必须使公众拥有环境权利，并以之去影响公共政策的制定和执行。这样才能调动公众的积极性，使他们自愿地参与到建设自己幸福生活的事业中。

三、公众的生态文明自觉

公众参与在建设美丽中国进程中必将发挥重要作用。全民行动观认为，公众既是污染的制造者，也是污染的受害者，因此保护生态环境离不开公众的广泛参与。公众的环境职责分为两方面：一是监督约束他人，对政府环境治理行为、企业生产能耗及排污行为进行有效监督；二是约束自己，从自身实践开始，形成简约适度、绿色低碳的生活方式，例如尽可能少用私家车、坚持绿色低碳出行，积极参与垃圾分类等，用自己的生态文明理念和行动为美丽中国建设作出实实在在的贡献。

---

① 习近平：《推动我国生态文明建设迈上新台阶》，《求是》2019 年第 3 期。

1. 保护环境，是公民应尽之责

公民消费、活动对环境存在巨大的影响。个体对环境与资源的负面影响可能只是“小恶”，但数亿个体的累加就将酿成“大恶”。据有关专家研究，全球约三分之一以上的环境问题是直接由个人不当生活方式和不良消费行为引起的。因此，个体的环境责任行为可能只是“小善”，但数亿个体的努力就会聚成“大善”，在美丽中国建设中产生重要影响。

2. 以绿色消费倒逼绿色生产

公众作为消费者，其对产品的选择主导着企业的生产，因此我们可以说公众使用手中的钞票给生产者的产品进行“投票”，而消费者的偏好能极大地影响企业的产品供给。所以公众的环境素养也体现在对绿色产品的消费选择上，如果大家都使用和消费绿色产品，那么就会促使生产者绿色转型。

3. 践行公民环境行为规范

以“公民十条”为指导，主动学习环境知识、提升自身环境素养，自觉遵守法律法规，尽可能节约能源资源，主动践行绿色消费，多多选择低碳出行，认真搞好垃圾分类，杜绝燃烧秸秆垃圾，保护生物多样性，积极参与环保实践，监督举报污染行为，携手共建美丽中国，使自己成为绿色生活方式的倡导者、行动者和示范者。

第六节　环保社会组织在美丽中国建设中发挥重要作用

环保社会组织作为公众参与环境保护的关键力量，应有效发挥环保社会组织参与美丽中国建设的良好作用。

一、发挥好环保社会组织的重要作用

环保社会组织是提供环境保护服务的社会公益性非政府组织，参与者以民间人士为主。我国的环保社会组织诞生、兴起于 20 世纪 70 年代末，在公众参与环境保护和社会的可持续发展中起到了积极的推动作用，并在国际环境保护领域发挥着中国环保社会组织的影响力。

成立于 1978 年 5 月的中国环境科学学会，是我国最早的环保社会组织。此后我国环保社会组织不断涌现，辽宁省盘锦市黑嘴鸥保护协会（1991 年）、自然之友（1994 年）、北京地球村（1996 年）等属于发起成立较早的环保社会组织。它们为环保理念的普及打下了良好的基础。例如，这一时期环保社会组

织发起的滇金丝猴和藏羚羊保护行动，使人们认识到生物多样性保护的重要性；与政府携手开展的“绿色社区”试点工作，使社区民众接受了环境保护与可持续发展的宣传教育。

我国的环境保护社会组织大概可分为四类：由政府部门发起成立的环境保护组织、在校学生环境保护组织、民间自发组织的环境保护组织、国际环境保护组织在中国的分支机构。这些组织在组织数量、组织管理运行机制等各方面都有了长足的发展。在各类环境保护组织中，参与者以学历层次较高的年轻人为主，有学者、学生、新闻从业人员、律师、医生以及企业家等。这些参与者对环境保护事业充满热情、奉献精神强，具备环保理念和环保知识并能够影响公众行为和政府决策。

随着环保组织的日益成熟壮大，其关注的环保议题也越来越丰富和广泛，从物种保护、大型工程项目的环境影响评估、“26℃空调”等行动议题，到减少贫困、促进社会公平、可持续发展等国际化政策议题，都呈现了环保组织的影响力。环保组织在环境宣传、倡导绿色生活方式、生物多样性保护、推动公众参与、环保监督、维护公众环境权益、推动可持续发展等方面作出了积极贡献，发挥了社会“调节器”“稳定器”的重要作用。

环保组织的作用主要体现在：

1. 环保宣传教育活动

环保社会组织通过开展培训讲座、发放宣传资料、多种媒体宣传、组织体验实践活动等，普及环境科学知识，传播环境意识、节约意识。引导公众自觉践行绿色生活方式和绿色消费习惯，形成低碳节约、呵护自然、保护环境的社会新风尚。

2. 推动环境保护的公众参与

消除公众个体行为有限性，帮助公众获取其关心的环境信息，促进公众参与和监督环境保护的权利得到落实。

3. 致力于环境保护创新研究

环境保护组织中汇聚了一批专业机构、专家学者，在环境保护的理论、法律法规、技术创新等方面开展研究，并积极推动应用于实践。

4. 为重要环境保护项目提供支持

国内及国际的有关环保组织、环保基金，为重要的环保项目提供资源、设备和技术等方面的支持和资金援助。

5. 助力企业推广环境保护产品

通过致力于环境保护的全国及各省市环境服务业商会、环境保护产业协会等推进环境产业市场化、专业化、多元化发展，积极推动企业环境保护产品的研发推广。

6. 参与制定环保公共政策

对政府与企业的环境责任履行情况开展社会监督，主动参与环境决策，为国家环境保护事业和可持续发展积极建言献策。

7. 对环境污染受害者提供环保公益服务

环境保护组织为污染受害者提供公益性服务和法律救济，维护不同社会群体的环境权益，从而缓和社会矛盾，促进社会稳定。

8. 参与国际环境保护领域的交流

与国际环境保护组织加强在生物多样性保护、气候变化、低碳减排、减少贫困、促进社会公平等方面交流合作。

9. 开展重大环境项目的环评

积极参与重大环境项目的质量与影响的认证与评价工作，提供环境保护方面的咨询意见。

环境保护组织在生态文明建设中发挥着越来越重要的作用，成为政府、市场与公众之间，国内和国际之间的桥梁和纽带，进一步推动环境保护组织规范有序发展，对于"构建政府为主导、企业为主体、社会组织和公众共同参与的环境治理体系"具有重要意义。

二、环保社会组织在公众参与的环境保护活动中的成功案例

通过发挥环保社会组织的典型示范和价值引领作用，推动形成公众参与环境保护的内生机制。

（一）我省较有影响的环保组织有"无痕中国"和"绿行齐鲁"

"无痕中国"的全称济南无痕环境文化传播中心，是在2012年发起成立的国内第一家专业无痕环境教育机构，现有专业讲师12名，主要以跨界设计的"体验式、游戏化、在地化"为原则，开发了无痕环境水课堂、无痕环境校园课堂、无痕环境"风孩子社区自然课堂"、无痕环境指导员培训、无痕生态旅行设计等系列活动，推动公众对环境、水、大气、垃圾分类等问题的关注和解决，倡导大家在旅行及户外活动中降低对环境的影响。目前，该活动已在济南、青岛、杭州、唐山、绍兴、长沙等多个城市累计活动527次，参与人数53918人次，影响游客及市民数量超过100余万人。

"绿行齐鲁"的全称是济南市绿行齐鲁环保公益服务中心。"绿行齐鲁"创始于2012年，是活跃于山东省的一个民间公益环保组织，主要通过发动公众参与、开展环保监督行动、实施政策倡导等方式，致力于构建山东民间环境监

督能力，使本土环境问题得到快速、有力的介入，让美好环境人人可享。目前主要开展中的项目包括绿行先锋环境污染监督项目、山东护水网络环境公众倡导项目、环境信息公开与政策倡导项目等。

(1) 绿行先锋环境污染监督项目：旨在通过个案干预、专项推动、监督能力建设等方法，推动山东区域环境污染问题解决，维护公众环境权益的环保项目。

(2) 山东护水网络环境公众倡导项目：旨在以在地公益合作团队为枢纽，引导公众通过参与水环境监督，提升其参与环境事务的意识和能力，解决公众参与不足的问题。

(3) 环境信息公开与政策倡导项目：通过对山东各主要城市污染源监管信息公开指数进行评价，协助环保部门信息更透明。同时依据调查实践中发现的系统性问题通过提案、立法建议、政策建议等方式提出，推动制度建设的优化。

（二）公众参与环境保护的“嘉兴模式”

嘉兴市位于浙江省东北部，毗邻上海、苏州、杭州，是长三角地区具有特殊区位的一座城市。随着长三角地区经济的快速发展，其环境矛盾较为突出，承担了较大的环境伤害。在 20 世纪 90 年代经历了嘉兴麻溪港纺织印染污水污染和全城恶臭等环境污染的环境灾害后，面对公众多环境污染的强烈抗议、严峻的环境污染压力以及政府自身治理能力的局限，当地市政府秉持“环境民主”的理念，积极尝试探索和完善具有地方特点的环境公共治理的方法，有效发挥环境保护社会组织的作用，引导公众参与环境保护事业，取得了很好的效果，形成了被誉为“嘉兴模式”的环境保护公众参与模式。这一成功模式还被写入到联合国环境规划署 2016 年发布的《绿水青山就是金山银山：中国生态文明战略与行动》报告中。在这份具有重要影响意义的报告中，以“推动环境保护多元共治”为主题，向世界介绍了环境保护的“嘉兴模式”中政府、企业、环保组织、公众发挥作用的环境治理体制机制。

大量中外环境保护的实践都证明，在保护环境事业中，公众的有效参与是环保事业成功的重要因素。在“嘉兴模式”中，公众参与环保有实实在在的表达权、建议权和投票否决权。通过建立“市民环保检查团、环保专家服务团、生态文明宣讲团和环境权益维护中心为支撑的‘一会三团一中心’环保社会组织”，采用“大环保、联动化、圆桌会”的活动形式，实现公众通过环保社会组织有效参与到环境治理中的目的。“‘大环保’指的是构建政府、企业、公众三方治理平台；‘联动化’指的是环保部门和其他政府部门及环保社会组织进行联合行动，建立相互协作配合监督的关系；‘圆桌会’指的是邀请利益相关方进行开放式讨论，通过沟通交流形成共识。”通过这种组织结构、活动方式，“建立起政府、企业和公众在环境保护中的协作机制，动员了各方面力量和资源，形成了环境保护统一战线”。[①]“嘉兴模式”从参与主体、参与机制和组织结构等方面进行了科学界定和构建，这一模式具有政府主导、大环保理念、联动性、组织化和精英化的特点，其经验体现在五个方面：一是限制权力恣意，防止非理性公众个体参与事件发生；二是公众参与组织化和精英化，提升公众参与能力；三是构建激励反馈机制，提升公众参与获得感；四是丰富公众参与方式，拓宽公众参与路径；五是完善地方性制度构建，为公众参与提供指导和保障。

“嘉兴模式”作为环境保护社会组织推动公众参与环境保护的较成功的实践案例，对我国公众参与环境保护工作具有很好的启示作用。

① 周一博：《公众参与的环境保护模式及其启示——以嘉兴模式为例》，《嘉兴学院学报》2018年第4期。

第四章

推动形成绿色生活方式

绿色生活方式是遵循大自然的法则、有利于人和自然和谐共生、可以促进人类可持续发展的生活方式。美丽中国所相应要求的绿色生活方式，是简约适度、绿色低碳并且健康文明的生活方式。绿色生活所倡导的是绿色消费、低碳环保、爱护自然万物。

目前，我国绿色生活方式尚未根本形成，实现碳达峰、碳中和任务艰巨，碳减排不只是国家层面的宏观经济议题，也是一场深刻的政治、经济、文化、法律法规、社会治理等全方位的系统性变革，而每一位社会公众在减碳过程中必将扮演重要的角色。我国要在有限的时间空间里实现“3060”（即我国力争2030年实现碳达峰，2060年前实现碳中和）目标，势必要经历一场全面而深刻的社会变革，加快推动形成绿色生活方式。在其中，公众消费领域绿色低碳是重要一环。在国家消费结构升级调整的大背景下，必须尽早采取措施促进公众增加绿色产品的消费，减少一次性塑料制品，减少产品和快递过度包装，绿色出行，保护生物多样性，从而减缓个人消费产生的碳排放增长速度，实现人与自然的和谐共生。

第一节　绿色生活方式的内在要求

绿色生活方式的内在要求主要体现在：首先必须树立人与自然和谐相处的理念，为子孙后代考虑秉持可持续的绿色发展理念，在生活中自觉坚持绿色消费、绿色出行、绿色居住的行为模式，既要充分享受经济社会发展的便利和舒适，又要履行作为地球公民应尽的环境责任和义务，形成健康文明的绿色生活方式。每一位社会成员都要充分认识到造成生态危机的主要根源在于消费主义生活方式，而推动形成绿色生活方式是解决生态危机的重要途径之一。绿色生活方式的内在要求是简约适度、绿色低碳、文明健康的生活方式。

一、简约适度的生活方式

简约即节俭、节约、节省之意，适度即适合要求的程度，适当之意。简约适度的绿色生活方式，即指以勤俭节约为原则，追求简约生活、适度消费的生活方式。简约适度的生活方式主要包括以下两个方面：

（一）简约生活

勤俭节约是中华民族的传统美德，追求简约生活是绿色生活方式的题中应有之义。近年来，在消费主义生活方式盛行的同时，世界范围内也掀起了简约生活的浪潮。面对环境污染、资源匮乏等生态问题的共同威胁，如何实现从自然的征服者向生命共同体的平等公民的转变，是我们必须思考的问题。目前，已有数百万的美国人在抵抗消费主义的喧嚣，持续了近 20 年的“国际罢买日”运动已在全世界多个国家得到积极响应；各式各样的环保运动和绿色运动包括素食主义、慢食运动、放慢生活节奏运动如雨后春笋；英国大学的物物交换商店、创造性节约等运动都是对消费主义的宣战。此外，知名民间环保事业倡导者廖晓义的“乐活生活”，为我们构建简约生活提供了借鉴。我们应以节约资源为目标，在衣、食、住、行、游等方面厉行节约，通过节水、节能、节电、节物等行动，促进自然资源节约，追求简约生活。

（二）适度消费

印度国父圣雄甘地曾警示人们：地球可以满足人类的需要，但无法满足人类的贪婪。联合国《21 世纪议程》也指出，地球所面临的最严重的问题之一，就是不适当的消费和生产模式，导致环境恶化、贫困加剧和各国发展失衡。若想达到适当的发展，需要改变消费方式，以最高限度地利用资源和最低限度地产生废弃物。这就要求我们必须做到适度消费，要根据经济能力和合理需要理性购物、理性消费、适当消费。少买不必要的衣服，加强旧衣利用；适量选购食物，杜绝餐桌浪费；理性选购住房，避免严重的资源浪费。总之，从抑止过度消费入手来减轻生态环境所承受的压力。

二、绿色低碳的生活方式

绿色低碳生活方式之“绿色”为环保、健康、纯天然之意，“低碳”指低能耗、低污染、低排放。绿色低碳生活方式是指通过减少碳的排放量减轻大气污染、保护生态环境的生活方式。绿色低碳生活方式主要包括以下两个方面：

（一）绿色出行

人的生活离不开出行，如果为了减少碳的排放量而停止借机动设备或工具出行活动显然是不现实的，但我们可以尽量选择绿色出行方式。绿色出行方式是对环境影响最小的出行方式，它既节约能源、减少污染，又益于健康、保护环境。在这方面，欧洲一些国家可谓采用绿色出行方式的典范。有“自行车王国”之称的荷兰，1700 多万人口，却有着 2300 万辆自行车。在瑞典的斯德哥尔摩，77％的民众在繁忙时间使用公共交通工具。丹麦 500 多万人口拥有 400 多万辆自行车，几乎人手一辆。在以“自行车城”闻名的哥本哈根市，超过 1/3 的市民每天骑自行车上班或上学。在德国、芬兰、法国、瑞士等国，浪漫的自行车旅行和悠闲的徒步旅行成为两种极受欢迎的旅游方式。我们应借鉴国外的这些做法，在出行时尽可能选择步行或骑自行车，多选用公共汽车、地铁或共享性的交通工具。这样既能减少资源能源消耗，也可以实现零排放、零污染，或少排放、少污染，从而节约资源，保护生态环境。

（二）绿色居住

绿色居住不是以大、奢华、高碳为美，而是以绿色、简约、环保为美。首先，应合理购买住房，要根据经济收入、购买能力、人口数量，选择面积适宜的住房，避免资源过度浪费和产生环境污染，增强二氧化碳减排和节能降耗效果。其次，应简约装修。生态文明时代家庭装修的主导风格理应是简约装修。简约的装修风格，通透的设计，有利于通风和空气流通，能在很大程度上减少资源、能源、建材的浪费，应该在全社会大力提倡。再次，我们应注重节能减排降耗，要选择节能砖建造住宅，以自然原色为住房主色，减少装修中木材、铝材使用量，采用节能的家庭照明方式，选择节能冰箱，适时将电视机、微波炉、空调、电脑等电器断电，以此减少能源的消耗和二氧化碳的排放，节约资源、能源，保护生态环境。

三、健康文明的生活方式

健康不仅指生理健康、身体没有疾病，还指有良好的心理状态和社会适应能力，即心理健康、行为健康。健康文明的生活方式既有益于人的身心健康，也有利于保护生态环境。健康文明的生活方式主要包括以下两个方面：

（一）绿色饮食

民以食为天。在生态文明新时代，人们的饮食应当是绿色饮食。绿色饮食主张在消费食品的过程中减少二氧化碳排放量，以达到保护生态环境的目的。我们应尽可能选择购买本地生产的食品，少购买从国外进口或跨地区空运的食品，以减少食品运输过程中二氧化碳的排放量；应选择当季水果和蔬菜，少购买反季节水果和蔬菜，因为反季节水果和蔬菜一般是在温室中种植的，温室种植往往需要消耗更多能源；应选择简单包装的食物，因为包装材料大多由纸、塑料、铝制品等制成，在生产过程中排放大量的二氧化碳，选择简单包装的食物，拒绝使用复杂包装的食物，可以直接降低碳排放量。

（二）全面生活

人是一个复杂的有机体，具有多种需要。党的十九大报告指出："人民美好生活需要日益广泛，不仅对物质文化生活提出了更高要求，而且在民主、法治、公平、正义、安全、环境等方面的要求日益增长。"[①] 也这就是说，新时代人的生活需要变得越来越丰富、越来越全面。然而，消费主义生活方式、过度的物质追求，却把人们带入一个无意义、无方向感的空无世界。马克思指出："一个人，他的生活包括了一个广阔范围的多样性活动和对世界的实际关系，因此是过着一个多方面的生活。"[②] 换句话说，人过着一种全面的生活。只有追求全面生活，人们的消费才会由单一的物质消费转向丰富的多样消费，由物质追求转向高层次的精神追求，这样既能减少消费主义生活方式对生态环境造成的负面效应，又能丰富人的生活，使人们获得更多幸福感。

第二节　推动绿色消费体系建设

从经济社会发展的规律上正确地认识消费的拉动作用，人们的消费需求是生产力发展的主要动力，也是我们发展经济的最终目的即要满足"人民对美好生活的向往"。但是以往以物质享乐主义为特征的消费模式，在人类的无止境的

---

① 习近平：《决胜全面建成小康社会　夺取新时代中国特色社会主义伟大胜利——在中国共产党第十九次全国代表大会上的报告》，中国政府网，2017 年 10 月 27 日，thhp：//www.gov.cn/zhuanti/2017-10/27/content_5234876.htm。

② 《马克思恩格斯全集》第 3 卷，人民出版社 1960 年版，第 296 页。

物欲支配下，大肆掠夺、滥用资源，造成了地球资源濒临枯竭、自然环境岌岌可危，地球已无力支持这样的消费模式。生态文明建设的要求必然需要绿色消费的支撑，国家致力于推动从物质享乐主义消费模式向绿色消费模式转变，推动绿色消费体系建设，从而推动全面形成简约、低碳、循环的绿色生活方式。

2021 年初，国家出台了《关于加快建立健全绿色低碳循环发展经济体系的指导意见》，为我国绿色发展设计了“总蓝图”，设定了分阶段目标。从全局高度对建立健全绿色低碳循环发展的经济体系作出顶层设计和总体部署。其中对推动绿色消费体系建设给出了清晰的政策路径以及实践指引。

一、绿色消费是绿色生活方式的重要内容

绿色生活强调应遵循自然法则，能够有利于人类的可持续发展。消费是生活的一个重要内容，绿色消费则是绿色生活方式的重要内容。

“我们首先应当确定一切人类生存的第一个前提，也就是一切历史的第一个前提，这个前提就是：人们为了能够‘创造历史’，必须能够生活。但是为了生活，首先就需要吃喝住穿以及其他东西。因此，人类的第一个历史活动就是要生产满足这些需要的资料，即生产物质生活本身。”[①] 马克思、恩格斯在《德意志意识形态》中指出了人类生活与生产力发展的关系。

现代经济学理论也认为，“高消费”是现代生活的目标，是刺激经济社会发展的主要动力。为满足这种消费欲望，工业化生产催生了大量生产、过量消费以及大量废弃的消费模式，导致地球资源在这种消费模式下日渐枯竭，这是一种不可持续的、黑色的消费模式。

我们对“消费是经济发展动力”要有全面的理解。经济发展的动力虽然需要通过消费实现，但是我们需要思考，什么样的“需要”和“消费”，才是正确和合理的。

绿色生活以过简朴和健康的生活为目标。在生活消费过程中，应选择绿色产品，同时消费在带来个人物质满足的同时，应该更加关注精神层面的满足以及对环境的影响。所谓“绿色产品”，指的是其生产、消费均有益于人类健康和环境保护。以绿色食品为例，它的标准是无污染、安全和富有营养，其种植所需的土壤、生长所需的水、肥等要素均须符合无公害（无污染）的标准，整个生产加工运输过程也必须符合严格的卫生许可要求。对绿色产品的消费选择必将推动绿色生产的转变，从而实现美丽中国建设对生产、生活方式绿色转型的要求。

---

① 马克思、恩格斯：《德意志意识形态》，人民出版社 2018 年版，第 23 页。

绿色消费符合人对快乐和幸福的追求。什么是快乐和幸福？消费和拥有更多的物质财富就是快乐和幸福吗？美国加利福尼亚大学心理学家提出“幸福五大法则”，即“学会感恩、学会乐观、学会知足、寻找自己的优点以及学会帮助他人”。事实上，对物质财富的过度消费并不必然能增加人的幸福感。英国经济学家指出：“炫耀性消费降低民众的幸福感。社会公平正义才会有幸福，平等是幸福的基础。”中国自古就有“知足常乐”的智慧和“事能知足心常惬，人到无求品自高”的文化熏染。传承中华民族的优秀传统，绿色生活是我们需要的简单宽容的生活，健康、舒适和安全的生活，幸福和美的生活，和谐平安的生活。

二、绿色消费任务艰巨

绿色消费，指的是适度节制的消费，以节约资源、避免或减少环境污染、保护自然生态等为特征。外在的表现为选择绿色产品，不使用一次性用品，提高物资的回收利用率，降低能源的消耗，加强自然环境、生物多样性的保护等。其消费理念上是崇尚节约适度、崇尚自然、追求健康。在追求生活舒适的同时，更注重环保，节约资源和能源，实现可持续发展。

近年来，由于加大对绿色消费的宣传，公众对绿色消费的认知已经有了较大提升，但仍然存在比较严重的“知行不一”的现象。2020 年生态环境部环境与经济政策研究中心所做的公民生态环境行为调查报告显示，在绿色消费方面，被调查对象存在“高认知度、低践行度”的现象。例如“购物时选择生产过程污染低的绿色产品认知度 89.4%，践行度 38.5%”“选择改造利用或交流捐赠闲置物品认知度 88.4%，践行度 41.3%”“点餐时不要一次性餐具认知度 84.6%，践行度 44.6%”“购物时自带购物袋认知度 88.4%，践行度 48.4%”“分类投放垃圾认知度 92.6%，践行度 54.2%”，认知与行动背离的现象比较严重。这说明促进绿色消费还是一个十分艰巨的任务。①

三、建立完善促进绿色产品消费的机制

从国家层面，应着力建立和完善能够促进绿色产品消费的体制机制、法律法规建设，主要体现在以下几个方面：

第一，加大政府采购事物中绿色采购的力度，进一步扩大绿色产品采购的范围，并逐步将绿色采购制度推广到国有企业。

---

① 参见生态环境部环境、经济政策研究中心：《公民生态环境行为调查报告（2020 年）》，2020 年 7 月 14 日，http://www.mee.gov.cn/ywgz/xcjy/gzcy_27007/202007/t20200714_789277.shtml。

第二，加强对各类企业和公众购买绿色产品的正面引导，通过给予补贴或消费积分奖励等方式鼓励绿色消费。

第三，广泛开展绿色产品认证工作，进一步完善认证机构的信用监管机制。鼓励线上线下设立绿色产品销售专区。同时严厉处罚虚假标注绿色产品行为，并将其处罚信息纳入企业信用系统。

第四，倡导厉行节约的风尚，坚决遏制餐饮浪费行为。

第五，出台“禁塑令”，开展塑料污染全链条治理。

第六，出台“限制过度包装”强制性标准，加强对商品过度包装的治理。

四、地方政府开展居民消费领域碳积分体系建设探索

目前，多地政府为引导个人消费领域低碳化发展进行了多方面尝试，其中碳积分体系建设已在诸多城市中广泛开展且取得了一定的成效，如武汉“碳宝包”项目、深圳市“碳账户”项目。从用户碳积分的量化到与碳交易平台对接，从面向居民个人到面向个人与企业并行，从政府的单一补贴到与成熟的企业平台合作，各地碳积分体系建设经验为探索建立统一的居民消费领域碳交易体系奠定了基础。其中成都“碳惠天府”与北京“绿色出行碳普惠”项目是比较成功的案例。2020 年推出的“碳惠天府”项目，其运营基本模式是：居民通过绿色低碳行为获取碳积分，积分可用于兑换绿色商城产品。项目面向个人与企业。优势：减碳量可参与碳市场交易，低碳场景多样。同年北京推出“绿色出行碳普惠”项目，其运营基本模式是：与地图导航等互联网企业合作，由企业自动搜集市民的减碳量，减碳量可用于兑换产品。优势：无自证机制，减碳量由企业代表用户参与北京碳市场交易，方便快捷。

成都“碳惠天府”与北京“绿色出行碳普惠”项目下居民的减碳量可参与当地碳市场交易，同时与成熟的企业合作，可自动搜集居民低碳行为，免去居民个人低碳行为自证环节，方便快捷且受惠于民，因而具有强大的生命力。由此可见，部分城市居民正逐渐参与碳交易，且此模式具有较好的发展前景，建立统一的居民消费领域碳交易市场已具备良好基础。下一步需要持续完善低碳消费领域法律法规体系，为未来对低碳消费进行科学合理监管提供保障；尽快建立绿色消费场景全覆盖的居民低碳消费标准体系；通过市场机制将居民个人碳减排融入到碳交易体系。通过体制机制的建立和完善，形成长期动力，促进绿色低碳消费行为的传播与普及。[①]

---

① 蔡冰洁：《从消费端探索碳减排新路径——探索建立统一的居民消费领域碳交易体系》，2021 年 6 月 22 日，https：//www.thepaper.cn/newsDetail_forward_13248717。

第三节　减少产品和快递过度包装

我国快递业的发展呈现出爆发式的强劲增长态势。快递业在促进消费和畅通经济循环中发挥了重要的作用。但是，快递包装过度、不能有效循环利用所带来的资源消耗、环境污染问题日益凸显，亟待从政府治理、行业发力、消费者践行各方面分工协作、共同努力，逐步加以解决。

一、快递业发展态势

通过连续跟踪国家邮政局邮政业中国快递大数据平台实时监测数据可以看到，我国的快递业持续保持着强劲的增长态势。2020 年的快递年业务量达 800 亿件，再次刷新快递年业务量纪录。快递业务不仅覆盖城市，而且其覆盖农村地区的业务量也在迅速增长，促进了农村电商的发展。据统计，快递业日均服务用户近 4 亿人次。快递业服务民生作用日益凸显，不断扩展业务范围，积极服务制造业，推动行业转型升级，在促进社会消费和畅通经济循环中发挥了重要的作用。

我国消费市场加快线上线下融合发展，三四线城市及农村市场增量较快，使得快递市场获得了新的规模增长，支撑了快递业的快速发展。2020 年开展的“快递进村”工程，大大增强了对农村的服务能力，为乡村振兴作出了积极贡献。

为解决快递业“最后一公里”难题，大力开展“智能快件箱”工程，积极推动智能快件箱进社区、进机关、进校园、进商厦、进农村、进交通枢纽场站，充分发挥智能快件箱方便灵活的优势。智能快件箱作为末端投递的方式之一，与上门投递、服务站投递这些形式互相补充，以满足用户的差异化需求，使快递末端服务更加多元高效，末端服务能力持续提升。

二、快递包装浪费、污染问题严重

在快递业务量快速增长的形势下，我们也不得不清醒地看到，数以百亿计的快递产品所带来对纸箱、塑料袋以及各种泡沫充填物等材料对资源的极大消耗和废弃物对环境的污染破坏。而产品的过度包装更进一步加剧了资源和环境压力，同时也增加企业及消费者的成本。

据国家邮政局的监测数据和调查统计，快递包装材料中的纸质类的回收利用率大约可达80%；而塑料类则几乎都被消费者扔掉了，其原因主要是回收价值低，消费者不清楚该如何处置。随着快递业的快速发展，一边是破纪录的快件量，一边是疯狂的浪费和污染。涵养环保精神，当盯紧快递。无论是减少过度包装，还是开发可降解塑料袋，乃至加大回收利用，都势在必行。

三、减少产品和快递过度包装

过度包装是一个快递业亟待解决的问题，一方面造成了资源浪费，另一方面更造成了环境污染（由于包装所大量使用是一些难以降解的材料，例如塑料袋、泡沫箱、胶带等）。要想让快递“绿”起来，解决资源浪费和环境污染这两个问题是根本。

解决对策之一：推广快递包装物重复使用。有很多快递包装在拆包之后，快递包装纸箱仍然完好，完全可直接重复利用。要想达到重复利用的目的，在快递链条上的每一个环节都要负起责任：消费者的责任是做到不暴力拆解快递包装，尽可能保持包装完好；快递公司需要负起生产者延伸责任，主动做好快递包装回收再利用工作，并且要与其他回收企业合作，为消费者提供投送便利和回收激励机制。

解决对策之二：加快技术创新，使快递穿上“绿”衣裳。大型快递企业要起到行业龙头带动作用，肩负起企业环境社会责任，加大投入力度，加快新型可降解绿色包装材料研发创新。充分利用数字化智能技术，为可重复利用的包装物安装上可追踪的标识助力其循环再利用。还要重视包装物结构设计，在保证可靠性的基础上减少原材料的使用，从源头上解决过度包装问题。

解决对策之三：相关产品生产企业、电商企业作为快递业的上游环节，也要承担起包装绿色转型的责任。

第四节 绿色低碳出行

“碳达峰、碳中和”已成为我国制定政策和发展目标时不得不考虑的因素。城市化进程加快，人口数量、居民收入水平持续上升，私家车拥有量急速攀升，导致交通问题成为一种十分严重的“城市病”，其伴生的空气污染、温室气体排放加剧了对环境的伤害。因此绿色低碳出行成为解决城市交通问题的必然选择。

一、倡导绿色出行的意义

大量的私家车排放的废气必将对空气环境造成污染，因机动车拥有量逐年增加，造成的环境污染越来越严重。同时快速激增的私家车也使得城市道路交通拥堵严重。污染、拥堵这些致命的“城市病”极大地制约了城市的可持续发展，对公众健康和生活造成了严重影响。要解决当代“城市病”，就需要倡导绿色低碳的环境友好型的出行方式。美丽中国建设需要公众选择绿色低碳出行。

什么是绿色低碳出行？在2018年生态环境部等五部委联合颁布的《公民生态环境行为规范（试行）》中，对于绿色低碳出行，就提出“优先步行、骑行或公共交通出行，多使用共享交通工具，家庭用车优先选择新能源汽车或节能型汽车”的倡议。也就是说，绿色低碳出行主要是指乘坐公共交通、骑自行车或者步行的出行方式，在私家车使用方面以选用新能源电动车为最佳，其共同的特点是低能耗、低排放。

倡导公众绿色低碳出行是有效治理“城市病”的重要举措，能够缓解道路交通压力，减少交通事故发生率，并且能够节约石油资源，大大减少温室气体排放，从而改善空气质量，使城市更加舒适宜居，促进城市的可持续发展。

例如，在城市绿色低碳出行中担负主要交通工具的公交车，其最大优点是载客量大、乘客人均能耗小、人均成本低、污染排放少等。在城市交通高峰时段，一辆公交车的运载力是私家车的数十倍，其能耗成本大大降低、运行效率大大提升，而公交专用运行通道也使其通行时间大大缩短。公共交通系统的这些优点，便使其成为政府在实施绿色低碳出行政策的首要选择。

现在公众出行通常选择骑自行车或电动车，有的乘坐公共交通，另有一部分人乘坐出租车或网约车，但是还有相当一部分人选择开私家车出行。电动车因其较高的性价比、方便灵活等优点受到了公众的喜爱。

在节约能源、绿色低碳、减少污染、有益于健康且兼顾效率的情况下，很多地方政府、单位提出了“135”绿色出行的倡议。“135”指的是1公里出行选择步行、3公里范围出行选择骑自行车、5公里范围出行选择坐公交车。

在生态环境部环境与经济政策研究中心所做的“公民生态环境行为调查”结果显示，受访者普遍认为公民自身环境行为对保护生态环境重要，在“选择低碳出行”方面，认知度为86.3%，践行度为68.5%，基本达到了知行合一的较高的水平。但与“不食用珍稀野生动植物”（认知度为95.3%，践行度为

91.5%）选项相比，低碳出行的认知度和践行度仍有较大的提升空间。[①]

二、绿色出行体系建设

为切实推进绿色出行发展，需要从各地政府做好顶层设计，积极构建布局合理、生态友好、清洁低碳、集约高效的绿色出行服务体系。坚持公共交通优先发展，打造快慢结合完善的交通网络系统，构建多样化的绿色低碳出行选择体系，着力增强公众出行体验，培育绿色低碳出行文化，从而增强公众对绿色低碳出行的感知度和践行度，增强公众对绿色低碳出行的喜爱度和黏性。

1. 构建快慢结合完善的交通网络体系

（1）快交通网络。城际交通以高铁、高速骨干网络与普通公路、水运及航运有效衔接、构建多维、高效、便捷的快交通网络系统；城市公共交通要着力增加公交、轨道交通的供给，进一步调整和优化公交网络及站点布局，降低乘客全程出行时间，提高换乘效率，在一定的区域建设形成连续、成网的公交快速专用道；以“窄路密网”的城市道路布局理念优化城市道路网络配置，加强支路街巷路的建设，畅通路网微循环，使快速路、主次干路以及和支路街巷路配置合理，打造适宜绿色低碳出行的路网基础体系。

（2）慢交通网络。为非机动车和步行提供安全舒适的交通道路基础体系。应注重慢行交通系统的连续性，注重人性化、精细化设计，使非机动车和行人也能拥有合理的通行空间。特别是要考虑机非分离，进一步减少混合交通，降低机非相互干扰，保障行人、非机动车出行安全。通过设计建设行人驻足区、安全岛、过街天桥、地下通道等交通设施，构建形成安全、方便、完善的步行系统。

2. 打造良好出行体验的智慧交通体系

用互联网技术打造智慧交通体系，提升公众出行体验。我们应注重加强交通基础设施的信息化、智能化建设，进一步优化公交线路、实现公交智能调度。信息化可以方便公众使用电子站牌、手机 APP 等设施或应用，更精准地实时查询车次运行情况，从而能够合理安排自己的出行计划，提高出行效率，最终提升公众出行体验，进一步吸引公众更多地选择绿色出行方式。采用多种形式的智能支付方式及多种形式的优惠票价政策，使绿色出行成为惠民出行。

3. 加大绿色低碳出行装备供给

重点增加新节能、新能源车辆，加大在公共交通、政府机关及公共机构等

① 参见生态环境部环境、经济政策研究中心：《公民生态环境行为调查报告（2020 年）》，2020 年 7 月 14 日，http：//www.mee.gov.cn/ywgz/xcjy/gzcy_27007/202007/t20200714_789277.shtml。

领域的应用力度。通过限制使用、运营补贴等政策手段，尽快使高能耗、高排放的车辆淘汰退出，加强对电动自行车及低速电动车的管理。

为新能源车提供完善的配套基础设施，构建方便高效的充电基础设施，特别是在公交枢纽、公共停车场等区域要建设充电设施，高速服务区也要逐步推进充电设施建设。通过适当的充电基础设施补贴政策、充电优惠政策等引导新能源基础设施建设。

4. 注重绿色低碳出行文化宣传教育

通过大力开展绿色低碳出行文化宣传教育，提高公众的认知，增强环境意识，使绿色低碳出行成为自觉的行动。

可以通过设置绿色低碳出行宣传月、宣传周等活动，或结合节能宣传周、低碳日、地球日等重要纪念日，广泛在机关、社区和校园等开展绿色低碳出行宣传。每月或每周设立“无车日”，倡导公务出行优先选择绿色低碳出行方式等活动，增加公众对绿色低碳出行践行感受。通过发布绿色低碳出行公益宣传广告，向全社会弘扬传播环境保护正能量，使绿色低碳出行成为新时尚。通过绿色低碳出行志愿者、行业协会以及社会组织等队伍，加强完善公众参与，发挥绿色低碳出行建设中的多元主体作用，构建良好的参与、评价、监督、决策民主管理机制。

另外，积极探索绿色出行碳交易体系建设，增强用户对绿色低碳出行的累积效应。从本章第二节中介绍的“居民消费领域碳积分体系建设”的一些成功案例来看，比较容易实现的就是把绿色出行的减碳积分与碳交易平台对接，实现绿色低碳出行的碳交易。通过居民碳积分的累积，增强其对绿色低碳出行的喜爱程度和黏性。

第五节　加强生物多样性保护

绿色生活的内在要求便是你所选择的生活方式应该是尊重自然、顺应自然、保护自然，对自然万物爱护亲近，为子孙后代的永续发展保护地球生物的多样性。地球生物的多样性构成了持续为我们提供健康、财富、食物、燃料和我们赖以生存的重要服务的生态体系，其中任何多样性成分丧失都有可能危及到人类的生存。但是，恰恰是人类的破坏性活动和对地球环境的干扰，加剧了生物多样性的丧失。这些生物多样性的丧失又会进一步破坏我们每天赖以生存的生态体系，使人类濒于毁灭的境地。

人类是自然的一分子，既有能力保护它，也有能力摧毁它。我们必须意识到人类面临环境挑战的急迫性，不要认为生物多样性与自己没有关系，其实生物多样性丧失的威胁与保护生物多样性的益处与我们每个人息息相关，我们必须认识到生物多样性丧失的紧急性，并促使自己立即采取行动，积极探寻造成危机的原因，紧急行动起来，努力阻止生物多样性的丧失。

一、正确认识生物多样性及其意义

认识生物多样性及其对人类的重要意义，认识我们与之存在怎样密切的联系，对保护生物多样性具有重要意义。

（一）生物多样性

生物多样性这个概念最早由美国野生生物学家和保育学家达斯曼（Ramond F. Dasman）提出。随着人类对环境及生态认识的日益广泛和深入，生物多样性得以广泛传播和使用。

我国学者给生物多样性所下的定义为："生物多样性是生物及其环境形成的生态复合体以及与此相关的各种生态过程的总合，包括动物、植物、微生物和它们所拥有的基因以及它们与其生存环境形成的复杂的生态系统。"① 这一定义被普遍认可和使用。在联合国《生物多样性公约》中，其定义是："指所有来源的活的生物体中的变异性，这些来源除其他外包括陆地、海洋和其他水生生态系统及其所构成的生态综合体；这包括物种内、物种之间和生态系统的多样性。"② 生物多样性是一个复杂的，涵盖人和环境的概念。这一概念有三层含义：遗传多样性（或称"基因多样性"）、物种多样性和生态系统多样性。③

我国属于生物多样性最为丰富的12个国家之一，主要表现在物种丰富度高、特有属种繁多、区系起源古老以及栽培植物、家养动物种质资源丰富。这些丰富的生物多样性资源在全世界是独一无二、无与伦比的。

最新发布的《中国生物物种名录》2021版中，动物界5.6万种，包括鸟类1445种、哺乳类564种、两栖类481种、爬行类463种、鱼类4949种；植物界38394种，包括被子植物31961种、裸子植物289种；真菌界15095种。

---

① 蒋志刚：《保护生物学》，浙江科学技术出版社1997年版，第1页。

② 联合国环境和发展大会：《生物多样性公约》，1993年12月29日，https://www.un.org/zh/documents/treaty/files/cbd.shtml。

③ 参见联合国环境和发展大会：《生物多样性公约》，1993年12月29日，https://www.un.org/zh/documents/treaty/files/cbd.shtml。

我国在生态系统多样性方面主要体现在生态系统的类型丰富、空间格局繁复多样。中国地域辽阔，地势起伏多山，从北到南、从东到西跨度大，气温、降雨量等气候因素复杂多变，造成众多独特的生态景观，从而引起不同的物种演替。

（二）生物多样性的重要意义

当我们讨论生物多样性意义的时候，仍然是以人类的视角来认识问题、解决问题的，所幸的是，在这个过程中，人类认识到人与自然是一个生命共同体，是人类生存和永续发展的基础。

人类为实现其基本的生存需求，需要通过农、林、牧、渔业活动，获得生产生活的各种原材料等，空气、水、土壤以及森林等为人类生存发展提供了生命必需的环境服务和文化服务。生物多样性是人类的资源宝库，在这个宝库中，有的已经为人类认识并被很好地利用，但还有很多我们并未发现它们，有待后人去发掘。生物多样性所提供的生态服务功能，为地球生态系统提供了能量流动、环境净化、水源涵养以及气候调节等，为人类创造了良好的、适宜的生存环境。生物多样性的价值主要体现在其直接价值、间接价值和潜在价值三个方面。生物多样性对人类生存和发展的意义非凡，如果任由生物多样性丧失加剧，则会对人类生存与发展造成致命威胁，到最后人类也会成为濒危的物种而面临在地球上消失的命运。因此，保护生物多样性，就是保护人类自己，保护我们的子孙后代。

二、生物多样性危机及其成因

近几百年中，特别是工业革命以来，人类对自然资源的攫取和对环境的污染与破坏，导致了地球生态系统的失衡，人与自然的紧张关系加剧。由于世界人口的迅猛增长以及伴随而来的自然栖息地的破坏、生物资源过度开发、环境污染、外来种的引入等问题，大量物种的生存受到不同程度的威胁甚至濒临绝灭。具体表现在生物灭绝速度加快、生态系统的急剧退化和破坏等。物种丧失是不可逆的，不仅会令我们失去一种宝贵的自然资源，还会在生物链中引起一系列连锁反应，从而影响到其他物种的存在状态。

对生物多样性现状的调查评估，可以让我们知道有多少物种的生存受到威胁，有多少濒危物种。为进行生物多样性保护，国内外研究人员划分了物种受威胁的等级。世界自然保护联盟（IUCN）于 1963 年开始编制濒危物种红色名录，其中划分的物种受威胁的等级最早是 4 个等级：绝灭、濒危、渐危和稀有。由于这个等级划分过于简单且缺少量化标准等，后来 IUCN 组织专家进行了几次修订，至 2001 年，物种保护级别确定为 9 类：灭绝、野外灭绝、极濒危、濒危、易危、近危、无危、数据缺乏、未评估。

随着我国生物多样性保护的进展，根据世界自然保护联盟（IUCN）制定的红色名录等级标准，对我国物种现状进行客观的科学评估，对现阶段我国物种的濒危状况划分为 8 个等级：绝灭、野外绝灭、地区绝灭、极危、濒危、易危、近危和无危。

据 2018 年更新发布的《世界自然保护联盟濒危物种红色名录》可以了解到，在人类目前已知的 96951 个物种中，有 26840 种濒临灭绝。

我国于 2008 年启动了《中国生物多样性红色名录》的编制工作，目前已完成了高等植物卷、脊椎动物卷以及大型真菌卷的编制，对我国高等植物、脊椎动物和大型真菌受威胁状况进行了分类评估。“《中国生物多样性红色名录》评估的 34450 种高等植物中，受威胁物种占比达到 10.9%；4357 种脊椎动物中，受威胁物种占比 21.4%，其中两栖动物受威胁比例高达 43.1%。”①

《中国生物多样性红色名录》的评估结果告诉我们，虽然我国具有高度丰富的物种多样性，但由于近年来人口的快速增长及经济的高速发展增大了对于资源及生态环境的需求，构成了强大的压力，致使许多动植物严重濒危，部分生态系统功能不断退化，遗传资源不断丧失和流失。

造成生物多样性危机有两大方面的原因：一个是自然淘汰，另一个是人类活动影响。自然淘汰是在自然条件下生物多样性丧失的一种可能，但是，近几百年来，人类活动对自然环境的破坏影响是生物多样性受到严重威胁的最主要原因。《中国生物多样性红色名录》评估其受威胁的主要原因是：“高等植物濒危灭绝的主要因素是生境退化或丧失，其中农林牧副渔业发展带来的影响最大。脊椎动物物种濒危灭绝的主要原因是人类活动导致的生境丧失和退化以及过度利用，非法贸易则是珍稀脊椎动物濒危的原因。全球环境变化、修建水电站和水利设施、水体和土壤污染影响了水鸟、爬行类、两栖类和内陆鱼类生存。食药用大型真菌的主要威胁因子是过度采挖和开发利用，以及不良的采挖方式。地衣的主要受威胁因素是环境污染和生境退化。”②

在全球范围内，综合各方面研究及调查评估的结果，人类长期的生存、发展活动所导致生物多样性丧失的原因主要有以下几方面：栖息地丧失和生境片段化、掠夺式的过度利用、环境污染、农林牧业品种的单一化、外来种的引

① 中华人民共和国生态环境部、中国科学院：《中国生物多样性红色名录》，2018 年 5 月 22 日，http：//www.mee.gov.cn/gkml/sthjbgw/qt/201805/t20180522_441028.htm。

② 中华人民共和国生态环境部、中国科学院：《中国生物多样性红色名录》，2018 年 5 月 22 日，http：//www.mee.gov.cn/gkml/sthjbgw/qt/201805/t20180522_441028.htm。

入、人口增长、全球气候变化等。而人类对于自然生态系统的破坏和干扰通常涉及很多方面，各种破坏和干扰又会产生叠加效应，更严重地威胁生物多样性。也许有的破坏和干扰只是微小的，但日积月累的累积效应最后也会对生物多样性造成严重威胁。因此，人类在其自身发展的生产生活活动中，必须进行仔细周密的环境影响评估与规划，以避免各种可能的对生物多样性产生的破坏和干扰。

三、保护生物多样性

人类是地球这个大家庭中的一个成员，保护并合理地利用生物多样性是应尽的责任和义务。为实现生物多样性保护和经济社会的可持续发展，人类也在不断地努力探索如何挽救生物多样性，研究生物多样性的价值以及怎样持续合理地利用生物多样性为人类谋福祉。

生物多样性保护所采取的主要措施包括：就地保护、移地保护、离体保护和邻里生物多样性保护。例如就地保护，建立自然保护区，是生物多样性保护的最有效的措施。对珍稀濒危物种而言，有时因为其生境丧失，需要迁地保护。通常来说，就地保护和迁地保护结合可以使生物多样性保护更加有效。

我们开展就地保护时，要特别注意保护区生境的完整性、被保护物种种群的完整性及其可持续利用，并加强科普宣传教育，以提高公众对保护珍稀濒危物种认知和自觉性，从而做到爱护野生动物，拒绝购买食用野生动物。

在我们生活中经常光顾的动物园、水族馆以及植物园等都是生物多样性保护中所谓的迁地保护所采用的措施之一，这里既是展示教育的窗口，也是物种保存、繁育的场所。

离体保护也是生物多样性保护的一项重要措施。主要针对物种的遗传资源（例如植物的种子、动物的精液和卵胚、真菌的菌株等），采取脱离母体、低温冷藏的方式进行长时间保存。目前在世界各地已经建立了约50个大型种子库。

邻里生物多样性保护，指的是在我们生活的范围内，在我们不能够完全保护自然的情况下，尽量通过减少对自然的侵扰，减少对野生动物的干扰，来帮助野生动物进行生存和发展。这一生物多样性保护的新思想，由中国生物多样性保护与绿色发展基金会副理事长兼秘书长周晋峰博士提出。

传统的生物多样性保护主要是在深山、自然原野、自然保护区中进行，这种圈地式的保护方式固然十分重要，但目前的努力远远不足以扭转生物多样性快速丧失的全球趋势。保护生物多样性需要创新的思路。由于人类生活范围的扩张，研究如何在人口聚集区有效地开展生物多样性保护具有极端重要的意义。

国际社会逐渐认识到需要通过国际协定，来实现生物多样性保护。为加强全球范围生物多样性保护的合作，1988年联合国环境规划署（UNEP）成立了生物多样性问题特设专家组，1989年又成立了技术和法律特设工作组，并在1992年联合国环境和发展大会上，形成了生物多样性保护的具有约束力的成果即《生物多样性公约》。

我国于1992年6月11日签署《生物多样性公约》，是最早签署和批准该公约的国家之一。特别是近年来我国的生物多样性保护行动，取得了令全球瞩目的成就。我国开展了生态红线划定、以国家公园为主体的自然保护地体系建设以及山水林田湖草生态修复等工作。深化生态文明建设，坚持走生态优先、绿色发展之路，不断完善生物多样性保护相关政策法规体系，建立涵盖陆地和海洋的保护地体系和生态保护红线制度，严控重要生态空间和生物资源的开发和利用，把生态系统保护和修复纳入国家中长期发展规划；有关生物多样性保护的法律法规体系不断得到完善，执法力度持续加大；重视和加强生物多样性调查、监测以及评估工作；加强生物多样性保护科普宣传教育，公众参与度和保护意识不断提高。

自发布《中国生物多样性保护战略与行动计划（2011～2030年）》以来，中国通过完善法律法规和体制机制、加强就地和迁地保护、推动公众参与、深化国际合作等举措，推动生物多样性保护工作取得显著成效，为实现全球生物多样性保护目标、加快实现可持续发展目标、推进国际发展合作作出了重要贡献。我国生物多样性保护成效主要体现在以下几个方面：

1. 生物多样性保护法律体系初步建立

我国政府发布了一系列生物多样性保护相关法律，主要包括《野生动物保护法》《森林法》《草原法》《畜牧法》《种子法》以及《进出境动植物检疫法》等；颁布了一系列行政法规，包括《自然保护区条例》《野生植物保护条例》《农业转基因生物安全管理条例》《濒危野生动植物进出口管理条例》和《野生药材资源保护管理条例》等。相关行业主管部门和部分省级政府也制定了相应的规章、地方法规和规范。

2. 实施一系列生物多样性保护规划和计划

行动计划发布后，我国政府又先后发布了《中国自然保护区发展规划纲要（1996～2010年）》《全国生态环境建设规划》《全国生态环境保护纲要》和《全国生物物种资源保护与利用规划纲要（2006～2020年）》。相关行业主管部门也分别在自然保护区、湿地、水生生物、畜禽遗传资源保护等领域发布实施了一系列规划和计划。

3. 生物多样性保护工作机制逐步完善

我国成立了中国履行《生物多样性公约》工作协调组和生物物种资源保护部际联席会议，建立了生物多样性和生物安全信息交换机制，初步形成了生物多样性保护和履约国家协调机制。各相关部门根据工作需要，成立了生物多样性管理相关机构。一些省级政府也相继建立了生物多样性保护的协调机制。

4. 生物多样性基础调查、科研和监测能力得到提升

有关部门先后组织了多项全国性或区域性的物种调查，建立了相关数据库，出版了《中国植物志》《中国动物志》《中国孢子植物志》以及《中国濒危动物红皮书》等物种编目志书。各相关部门相继开展了各自领域物种资源科研与监测工作，建立了相应的监测网络和体系。

5. 就地保护工作成绩显著

到2008年年底，我国已建立各级自然保护区2538个，总面积14894.3万公顷，占陆地国土面积的15.13%，超过全世界12%的平均水平，其中国家级自然保护区303个，初步形成了类型比较齐全、布局比较合理、功能比较健全的自然保护区网络；建立森林公园2277处，其中国家级森林公园709处，面积973.8万公顷，占国土面积的1.01%；国家级风景名胜区187处，面积841.6万公顷，占国土面积的0.88%；国家湿地公园试点100处，国家地质公园138处。全国各类保护区域总面积约占国土面积的17%。此外，我国还建立了国家级海洋特别保护区17处，国家级畜禽遗传资源保种场、保护区等113处。

6. 迁地保护得到进一步加强

野生动植物迁地保护和种质资源移地保存得到较快发展，全国已建动物园（动物展区）240多个，植物园（树木园）234座。至2008年年底，我国已建成农作物种质资源国家长期库2座、中期库25座；国家级种质资源圃32个；国家牧草种质资源基因库1个，中期库3个，种质资源圃14个；国家级畜禽种质资源基因库6个。保存农业植物种质资源量达39万份。此外，我国林木种质资源、药用植物种质资源、水生生物遗传资源、微生物资源、野生动植物基因等种质资源库建设工作也初具规模。

7. 生物安全管理得到加强

国家设立了生物安全管理办公室，农业、林业等转基因生物安全管理体系已基本形成。外来入侵物种预防和控制管理进一步规范，建立了外来入侵物种防治协作组，成立了跨部门的动植物检疫风险分析委员会，相关部门设立了外来入侵物种防治的专门机构。

8. 国际合作与交流取得进步

我国积极履行公约，参与国际谈判和相关规则制定，加强与相关国际组织和非政府组织的合作与交流，开展了一系列合作项目，加强生物多样性保护政策与相关技术的交流。

9. 公众生物多样性保护意识与行动力显著提升

通过开展培训和宣传，科技人员技术水平得到提高，公众生物多样性保护意识得到增强，公众积极参与，生物多样性保护渐成共识并化为自觉行动。2020 年生态环境部环境与经济政策研究中心所做的公民生态环境行为调查报告显示，在野生动物保护方面都达到了很高的认知度和践行度，其中“不食用珍稀野生动植物”认知度为 95.3％、践行度 91.5％，“拒绝购买珍稀野生动植物制品”认知度为 92.2％、践行度 86.4％。[①]

① 参见中华人民共和国生态环境部环境与经济政策研究中心：《公民生态环境行为调查报告（2020 年）》，2020 年 7 月 14 日，http：//www.mee.gov.cn/ywgz/xcjy/gzcy_27007/202007/t20200714_789277.shtml。

第五章

节约使用资源和能源

联合国环境规划署（UNEP）对资源的界定是：“在一定时间、地点和条件下能够产生经济价值的、提高人类当前和将来福利的自然因素和条件的总称。”资源有广义和狭义之分。广义的资源指人类生存和发展所需要的一切物质和非物质要素。狭义的资源仅指自然资源。自然资源也是一个相对的概念，随着社会发展和技术进步，原来不知用途的物质逐渐被人类发现和利用，自然资源的种类也日益增加。一般而言，资源包括土地资源、水资源、海洋资源、气候资源、矿产资源和生物资源等。

第一节　中国资源能源基本国情

我国的自然资源虽然总量大、种类全，但人均占有量较低，同时遭到破坏和浪费的现象非常严重。因此，资源和能源约束成为我国经济高质量发展的重要制约因素。

一、中国资源和能源问题

资源和能源问题始终是我国经济社会发展的重要制约因素。国际能源署（IEA）发布的《世界能源展望 2013》报告中指出，到 2035 年中国能源消耗总量将比当前水平增长 50%，人均能源需求增长 40%。2016 年我国石油、天然气、煤炭的对外依存度延续了之前的攀升态势，其中石油的对外依存度已经超过 64.4%（美国历史最高为 66%），2018 年已经突破 70%。能源对外依存度还将进一步上升。到 2020 年，我国能源净进口超过约 8 亿吨标准煤，约占全球能源出口总量的1/5。资源、能源问题事关国家安全和经济发展全局，同时也关乎生态环境保护与大气环境质量改善，加快推动能源结构调整是我国污染防治攻坚战的重点任务之一。

二、自然资源分布概况

我国土地资源、水资源、矿产资源的分布存在不均衡特征。可利用土地、可利用淡水资源和矿产资源人均占有量低且分布不均，是维持健康生态系统的重要风险挑战。

（一）土地资源

我国陆地国土面积960万平方千米，居世界第三位。虽然我国国土面积较大，但人均占有土地资源量较少，且山地多、平地少，山地和高原占陆地国土面积的60％左右。可用于工业化、城镇化开发和建设以及其他方面建设的国土面积只有28万平方千米左右，仅占全国陆地国土总面积的3％左右。此外，全国可利用土地资源分布不均衡，东北地区人均可利用面积最为丰富，西藏、青海等地区人均可利用面积最为匮乏。

（二）水资源

水是一种重要的自然资源，是工农业生产过程中不可替代的资源。从人们认识到水是一种具有多种用途的宝贵资源起，对水资源的含义就存在着不同的见解。水资源通常指逐年可以恢复和更新的淡水，而大气降水是它的补给来源。从广义上讲，水资源是指地球上所有的水体。狭义的水资源则是指陆地上可以利用的淡水资源，包括江河、湖泊、泉、积雪、冰川、大气水、土壤水以及地下水等可供长期利用的水源。直到1977年，联合国召开水会议后，联合国教科文组织和世界气象组织共同提出了水资源的含义：“水资源是指可以利用或有可能被利用的水源，这种水源应当有足够的数量和可用的质量，并在某一地点为满足某种用途而得以利用。”

地球上的总储水量约为13860亿立方米，其中海洋水为13380亿立方米，约占全球总水量的96.53％。在余下的水量中地表水占1.78％，地下水占1.69％。人类主要利用的淡水约350亿立方米，在全球总储水量中只占2.53％。在这极少的淡水资源中，又有69.56％被冻结在南极和北极的冰盖以及高山冰川、永冻积雪中，难以利用。同时深层地下水补充缓慢，开采后难以恢复，通常不作为可利用水资源。人类真正能够直接利用的淡水资源是江河湖泊水（约占淡水总量的0.27％）和一部分地下水。从数字上可以看出，水是丰富的，但可利用的淡水资源是极其有限的。当今世界的水资源分布十分不均，除欧洲水资源较为丰富以外，其他各洲都不同程度地存在一些严重缺水地区，尤其是非洲撒哈拉沙漠以南的内陆国家，那里几乎没有一个国家不存在严重缺水的问题，在亚洲也存在类似问题。世界上很多国家和地区都存在严重缺水问题，因此，亦对水问题给予前所未有的重视，逐渐对水资源危机形成共识。

我国水资源总量为2.8万亿立方米，居世界第六位，但人均水资源量仅为世界人均占有量的28%。南方地区水资源量占全国的81%，北方地区仅占19%；北方地区水资源供需紧张，水资源开发利用率达到了48%。我国是全球13个贫水国家之一，全国有7000万人、5500万头牲畜面临饮水困难问题。淡水资源短缺已经成为中国经济社会发展、人民生活水平提高的主要掣肘之一。水资源需求的不断增长，以及工业、农业和城市产生的污染，不仅导致了用水成本的急剧增加，而且也给生态系统健康带来挑战，污染甚至造成越来越多的淡水无法被利用。同时，气候变化带来的影响令这种情况雪上加霜。水安全问题已被决策者提升到前所未有的高度，然而政府、企业和民间机构却由于缺乏足够和及时的信息，难以全面了解中国面临的水资源风险，同时也缺乏应对水资源问题的解决方案。此外，水资源治理和管理的分散化也阻碍了水资源的可持续开发和利用，不利于应对和减缓气候变化。

（三）矿产资源

矿产资源被誉为现代工业的“粮食”和“血液”，是人类社会赖以生存和发展的重要物质基础，也是全球经济发展的物质基础。矿产资源按照属性一般分为金属矿产、非金属矿产、能源矿产等。按照矿产资源的存在状态，又可分为固体、液体、气体三种形态。

三、能源类型及分布特点

能源是自然资源中矿产资源的重要组成部分。2017年，我国一次能源生产总量约为35.9亿吨标煤，是世界第一大能源生产和消费大国。我国能源结构的突出特点是“富煤贫油少气”，煤炭消费量占能源消费总量比重最大，是我国当前发展阶段最主要的能源，此外，天然气、水电、风电等清洁能源消费量占能源消费总量的20%左右。能源的结构、生产和消费对生态环境影响较大，因此，必须持续增加清洁能源的使用。党的十九大报告强调，推动能源生产和消费革命，构建清洁低碳、安全高效的能源体系。

（一）煤炭

煤炭是我国的主体能源和重要工业原料，支撑了我国经济社会快速发展。虽然煤炭燃烧造成环境污染，但在未来相当长的一个时期内，煤炭作为一种主要的能源，还将长期发挥作用。为了克服燃煤造成的空气污染问题，煤炭的清洁利用方式成为当前能源领域开发的热点，我国在大力推动煤炭清洁高效开发和利用、建立清洁煤电体系、研究开发煤炭的清洁燃烧技术等方面也作出了许多有益的探索。

（二）石油和天然气

石油，一般指原油，主流观点认为是古代海洋生物经过漫长的演化所形成的。从石油的形成过程看，需要几亿年的时间，所以一般认为石油属于不可再生的资源。目前，石油的消费量占全世界能源消费的1/3以上，是大多数汽车、飞机和轮船的燃料来源。现代人类在生产生活中广泛使用的塑料、油漆、药品和化妆品等生活用品的原料中有相当一部分都是从原油中提取的。天然气是储存于地下多孔岩石或石油中的可燃气体，其成因与石油相似，常位于石油上部。我国西部也有单独成矿的天然气矿藏。天然气具有清洁、价格低廉等特点，它的缺点是极易燃烧，气体泄露会引起火灾，甚至爆炸。

（三）清洁能源

自然资源的生成需要消耗一定的能量，大量使用化石能源而造成的环境恶化危害着地球。避免化石能源使用造成污染的关键出路在于寻求替代能源——可再生能源，如水电能、风能、波动能、潮汐能、地热能、生物能、太阳能等。发展清洁能源，要坚持分布式和集中式并举，以分布式利用为主的思路，推动可再生能源发展，大力发展风能和太阳能，开发利用生物质能，安全高效发展核电，提高核电厂安全运行水平。

第二节　推动资源利用方式的根本转变

应对经济社会发展的资源约束问题，需要从根本上改变资源利用方式。在生产领域可通过研发资源清洁高效利用技术，提高资源利用效率；在生活领域可通过树立绿色消费理念，推动形成绿色生活方式，促进资源和能源节约使用。

一、资源是人类社会存在和发展的基础

人类的生产、生活等活动要从自然界获取自然资源。评价资源的可持续利用和生态环境可持续性主要有三个准则：一是对于可再生资源的开发利用要适度，开发强度不能超过资源的再生速度和再生能力，否则会导致其生产力下降、不能持续供应，造成资源枯竭。如我国在“大跃进”时期和改革开放初期的过度砍伐曾经一度导致我国森林覆盖率的下降。二是资源约束趋紧的表现为矿产品位下降、需要的技术水平越来越高，以及矿产品价格居高不下等。三是人类活动排放的污染物总量不能超过环境的消纳能力，否则，生态环境失去自净能力，污染排放超过环境容量，就会表现为环境的污染和生态的破坏，最终造成严峻的生态安全隐患。

二、转变资源利用方式迫在眉睫

加快经济发展方式转变的战略任务，迫切要求加快资源利用方式转变。经济发展方式在一定程度上决定了资源利用方式，比如，以往落后的经济发展方式往往导致资源的大量消耗和浪费；资源利用方式反过来也深刻影响着经济发展方式，即粗放的资源利用方式会进一步固化和加剧落后的经济发展方式。要提高资源利用效率，首先要转变资源的利用方式，提高资源利用技术。我国单位国内生产总值的资源能源消耗强度高于发达国家，甚至高于印度等发展中国家。所以，加快转变资源开发利用方式，不仅十分必要而且也相当紧迫，是新时代推进高质量发展的必然要求。

三、节约资源是保护生态环境的根本之策

生态环境污染问题在一定程度上和资源能源利用不合理有关，如造纸废水污染是由于水中的碱、木质素等物质没有得到合理的回收利用而造成的。节约了资源，也就减少了资源开发对生态的破坏和对环境的污染，因此，节约资源是保护生态环境的根本之策。自然资源开发利用要兼顾长远利益与短期利益、局部利益与全局利益，处理好开发与保护的关系，把握合适的“度”，既不能以保持自然状态为由，阻碍经济发展和人民生活水平的提高，也不能盲目无序地开发甚至掠夺资源，导致自然资源耗竭、环境污染和生态系统退化。在处理资源开发利用、经济社会发展和生态环境保护的关系上，应坚持科学的态度和方法，坚持“节约优先，保护优先，自然恢复为主”的原则，这是生态文明建设的基本政策和根本方针，也应成为各级政府制定经济社会发展政策、编制各

类发展规划和推动各项工作必须遵循的基本原则。节约集约利用资源，加强生产、流通和消费过程的减量化、再利用、资源化管理，大幅降低能源、水、土地等资源的消耗强度，以资源的可持续利用支撑经济社会可持续发展。

链接 世界水日（World Water Day）：联合国在1993年1月18日召开的第47届大会上作出决议，确定每年3月22日为“世界水日”，旨在唤起公众的水意识，加强水资源保护。为满足人们日常生活、商业和农业对水资源的需求，联合国长期以来致力于解决因水资源需求上升而引起的全球性水危机。1977年召开的“联合国水事会议”，向全世界发出严重警告：水不久将成为一个深刻的社会危机，石油危机之后的下一个危机便是水。

第三节 推动能源生产和消费革命

能源的生产和消费为经济发展提供着重要支撑。我国是能源生产和消费大国，必须强化能源节约，通过能源生产和消费领域的技术进步和管理改革，推动构建绿色化、低碳化的能源生产和消费体系。

一、我国能源发展现状及转型考验

离开能源的生产和消费，我国经济发展将举步维艰。然而，在传统的能源利用方式中，能源的生产和消费环节均造成严重的环境污染，必须依靠理念提升和技术进步、体制创新加以改变。我国化石能源的特点是煤多、油少、气不足，即煤炭能源最丰富，总量较大，但人均占有量不高。我国煤炭、石油、天然气的人均占有量分别是世界平均水平的67%、5.4%和7.7%。当前，煤炭是保障能源供应的基础能源，原油产量保持稳定，天然气产量明显提升，在建核电装机容量世界第一，可再生能源开发利用规模快速扩大，水电、风电、光伏发电累计装机容量均居世界首位。中国已经成为全球能源生产和能源消费大国，基本形成了煤、油、气、电、核、新能源和可再生能源多轮驱动的能源生产体系。当前，中国能源消费增速逐年放缓，2020年中国一次能源消费总量

49.8 亿吨标准煤[①]，预计 2025 年、2030 年分别为 56 亿、60 亿吨标准煤[②]。

中国能源发展现状呈现以下特点：一是已成为世界最大的能源生产国和消费国，煤炭产量和消费量全球第一，石油消费全球第二，天然气消费全球第三；二是能源供应已形成以煤为主的高碳能源结构，能源开采、转换、传输具有大型化、集中化特点，能源生产和消费中心分离；三是可再生能源技术发展迅速，风电、光伏在全球具备竞争优势，蓄冷、蓄热、化学储能等应用商业模式逐步成熟；四是油气、电力市场有序开放，能源价格机制改革稳步推进，能源市场体系日臻完善。

中国承诺争取 2030 年前碳排放达峰，2060 年前达到碳中和目标。能源转型是中国双碳目标成功与否的关键，能源供应和消费系统亟待变革。中国计划 2030 年非化石能源占一次能源消费比重达到 25%左右，风电、太阳能总装机容量 12 亿千瓦以上。能源低碳转型进入攻坚期，并面临以下重大考验：一是安全与低碳平衡，中国富煤、贫油、少气的能源禀赋，以及全球频繁发生的极端事件，决定中国能源转型需要综合考虑能源安全供应与低碳环保目标，并积极应对极端事件影响；二是多能协同互补，明确煤炭、油气发展定位，实现多种能源协同供应和能源综合阶梯利用；三是能源消费优化，以节能技术提高能源利用效率，以电能深度替代化石能源，并系统性改变能源基础设施；四是能源系统和网络调整，高比例可再生能源接入需要建立新型能源系统和网络，以实现可再生能源高效消纳、电网安全运行和市场机制高效灵活；五是市场化改革推进，推进油气行业竞争性环节市场化改革，建设电力中长期、现货和辅助服务市场相衔接的电力市场体系。

二、提高能源使用效率，强化能源节约

在《中华人民共和国节约能源法》中，节能被确定为一项基本国策。从基本国情和发展阶段的主要特征出发，我国必须大力推进节能降耗，推动能源生产和消费方式革命，支持节能低碳产业发展，有序推动新能源和可再生能源的健康发展，确保国家能源安全。

节能，本意是节约能源，不是减少能源消费，而是合理消费能源，减少能源利用中的浪费，提高能源利用效率，使群众消费同样的能源获得更多的能源

① 参见国家统计局：《中华人民共和国 2020 年国民经济和社会发展统计公报》，2021 年 3 月，http：//www.stats.gov.cn/tjsj/tjcbw/202103/t20210331_1815847.html。

② 参见全球能源互联网发展合作组织：《全球能源互联网研究与展望》，2021 年 3 月，https：//www.geidco.org.cn/publications/plan/2020/1898.shtml。

服务。2005 年以来，我国实施了十大节能工程，包括燃煤工业锅炉（窑炉）改造工程、区域热电联产工程、余热余压利用工程、节约和替代石油工程、电机系统节能工程，能量系统优化（系统节能）工程、建筑节能工程、绿色照明工程、政府机构节能工程以及节能监测和技术服务体系建设工程等，取得显著成效。但也应当看到，进一步节能的难度在增加。未来的节能潜力，应从我国工业化和城市化进程中发现和挖掘。能源变革的关键在于科技进步，在传统能源领域，应注重开展传统化石能源清洁节约和高效利用技术的研发，以技术进步推动能源生产和消费过程中污染物排放的减量化，加强能源伴生资源综合利用和能源开发利用技术创新，为节能事业提供技术保障。

在能源管理方面，应继续强化能源消费总量和消费强度的约束性指标管理，以控制能源消费总量和强度为核心，完善措施，强化手段，建立健全“用能权”制度，构建全社会共同治理的能源总量管理体系。同步推进产业结构和能源消费结构双调整，落实节能优先的方针，提升优质用能水平，从根本上抑制不合理消费，建设能源节约型社会。

三、发展非化石能源，推动能源生产和消费低碳化

随着能源安全和气候变化问题的出现，可再生能源成为世界各国投资和创造新就业机会的热点。我国可利用的太阳能发电资源约 20 亿千瓦，风能资源大于 10 亿千瓦。当前，由于太阳能、风能等的源头不可控制，不稳定的发电方式难免对电网造成冲击，在智能电网技术没有取得突破之前，非上网和分布式可再生资源利用可以作为权宜之计。在清洁能源利用技术方面，应注重在核心能力方面的创新，从开发利用技术、突破经济瓶颈等方面取得进展，重点解决依靠技术进步降低成本等问题，逐步推进规模化开发利用。

链接 核电站建设：2013 年 11 月 28 日，江苏田湾核电站扩建工程工地一片繁忙，工地上技术人员和工人们冒着寒风奋战在施工现场。田湾核电站二期工程 3、4 号机组建设两台 VVER1000 型机组，单台机组发电功率 110 万千瓦。机组采用了一系列重要先进设计和安全措施，包括安全系统 4 通道、堆芯熔融物捕集器、全数字化仪控系统、反应堆厂房双层安全壳、非能动氢气复合器等。

第四节　加强对水、土地、矿产等自然资源的保护管理

节约、节俭不仅是一种生活方式，也是一种人生态度、价值取向和价值观念，因而一直被作为修身齐家治国的美德加以倡导、传承和发扬。古人认为，节俭是关系到生存的大事，这也是中华民族延绵五千年至今仍有蓬勃活力的重要因素。历史上不少有识之士都认可节俭美德的价值。如诸葛亮曾说过：静以修身，俭以养德。古人治国强调禁奢崇俭，既是出于经济原因，更是基于对品德与政治因素的考量，所谓“不勤不俭，无以为人上也”。

一、加强水资源节约和管理

水是生命之源、生产之要、生态之基。水资源是一种可以更新的资源，是可以大规模提供给人类利用的淡水资源。它虽然可以更新，但在一定时间和范围内，还是相当有限的，并非“取之不尽、用之不竭”。总体上看，我国水资源有三大特点：一是总量（径流量）较多，而人均水量、亩均数量却非常少；二是地区分布不均匀，水土配合不协调，东西差异明显，南北不平衡；三是年内、年际分配不平衡，变率大，水旱灾害频繁。我国的水资源总量丰富，多年平均 28000 亿立方米，但人均占有量不足。在水资源开发利用上，我国的水资源供需矛盾突出。有研究发现，在我国 660 个城市中，200 个城市缺水，其中严重缺水的城市 110 个。全国农村有 5000 万人、3000 万头牲畜饮水困难，2000 万公顷耕地受干旱威胁，旱灾几乎每年都有发生。华北平原、海河流域供水相当紧张，地下水位迅速下降，直接表现是水井越打越深。水资源利用效率低、浪费问题突出。河流上游地带无节制用水，浪费严重，下游水量锐减严重缺水。农灌区存在重建轻管、灌排渠系不配套问题，部分灌溉系统不能发挥应有效益；灌溉技术落后，用水效率低，喷灌、滴灌、渗灌等先进灌溉技术所占比重较小。工业用水循环利用率低，单位产品耗水量高，城市管网中滴、漏、冒、跑等现象普遍。

当前，我国大部分地区水污染现象仍然较为严重。大部分城市和地区淡水受到不同程度的污染。曾经流经城市或工矿区的几乎所有河段都受到污染；地下水污染非常严重；由于化肥、农药的大量使用和有机废弃物的污染，农村河流、饮用水源受到不同程度的污染。污染加剧了水资源供需矛盾，并成为制约我国国民经济持续稳定发展的主要因素。

解决我国水资源短缺和水污染问题，节水是根本出路。一是要严守水资源利用红线，提高水资源利用效率。二是要拧紧“水龙头”，倒逼用水方式的转变，因地制宜地推进农业节水，加强工业、服务业和生活节水，持续实施高耗水工业、行业的节水技术改造。三是加强水资源节约管理，推进节水企业、节水小区、节水城市建设。

二、土地资源节约集约利用

土地是最重要的资源，是财富之母，对人类的生存和发展至关重要。对于人类生存条件而言，土地就像人们所需要的空气、水、阳光一样，为人类的生存和发展提供了必要的、基础性的物质条件。如果人类能正确、科学地开发、利用、改造和保护土地，则可以实现土地的可持续利用。在农业生产中，土地不仅是人的劳动对象，也是最为重要的生产资料，没有土地就不能进行有效的农业生产，也就不可能生产出足够数量的农产品以满足人类的物质需求。

我国的耕地面积不到世界的9%，但化肥施用量较大，占世界化肥总量的35%，而化肥的当季利用率不足40%，低于发达国家50%左右的水平。同时，我国也是世界农药生产和使用第一大国，2012 年农药产量高达 354.9 万吨，每年使用量约 30 万吨左右，目前农药的有效利用率不足 40%。此外，现代化农业大量使用农膜、地膜，每年约有 50 万吨的农膜残留于土壤中，残留率为40%左右，大量残留的农膜在土壤中难以降解，给农业可持续发展埋下隐患。

高效利用国土空间，是我们必须认真面对的问题。一方面，“摊大饼式”城市化导致土地资源的极大浪费。在我国，规模愈大的城市行政级别愈高，支配资源的权力愈大，而行政级别愈高的城市，也就有更大的权力配置土地资源，这也是摊大饼式“造城运动”的重要原因。在城市拆旧建新过程中，贪大求洋，宽马路到处可见，高楼广场空空如也；同时各地的“圈地”花样不断翻新：以“经营城市”为名的土地经营，以“招商引资”为名建起连片厂房而其中的生产线却不多，以“园区建设”名义“圈地”等等，每年因城市化减少的土地数十万公顷，一些沿海地区基本见不到粮田，只能见到水泥或沥青了。从国际经验看，日本、韩国等国在城市化中损失了 1/3 的优质耕地，这样的现象伴随着我国城镇化的推进也正在发生。另一方面，在生态原本良好的地方，生产和生活空间不断扩大，原有生态空间被不断挤压，植被退化、河流干涸、水环境污染、山体破坏等并不鲜见。虽然由于垦荒、土地复垦等多种因素，将会增加部分耕地面积，但新增可耕地的质量和生产力与现有耕地相比存在较大差距。我国是一个人多地少的国家，开发抛荒地、沙滩地等，即使在数量上能做到“占一补一”，在质量上也难以达到粮田要求；粮田减少对食品安全的影响不容忽视。合理利用和有效保护耕地资源，坚守耕地红线，不仅是关系到解决中国当前食物安全的大问题，也是“但存方寸地，留与子孙耕”，保证我们子孙能够持续发展的重要条件。

为加强土地资源管理，我国节约集约利用土地资源的制度不断完善。主要体现在：一是严守耕地保护红线，严格土地用途管制，禁止非法压低地价招商，严格执行法定权限审批土地和占用耕地补偿制度。二是加强对土地利用总体规划、城市总体规划、村庄和乡镇规划的统筹，加强土地利用计划管理、用途管制和项目用地预审管理。三是进一步完善耕地保护责任考核体系，实行土地管理责任追究制。四是加强土地产权登记和土地资产管理。以上这些制度得到实施和落实，将有利于我国守住耕地红线，保障粮食安全乃至国家经济安全。

三、加强矿产资源的勘查、保护和合理开发利用

矿产资源是由地质作用形成的、具有利用价值的自然资源，是社会生产发展的重要物质基础。在现代社会中，人们的生产和生活都离不开矿产资源。矿产资源属于非可再生资源，其储量是有限的。目前世界已知的矿产有 171 种，按其特点和用途通常分为金属矿产、非金属矿产和能源矿产三大类。

据国土资源部 2013 年发布的公报，我国矿产资源总量多、人均占有量少。[①] 矿产品种齐全，是世界上矿产品种齐全的少数几个国家之一：探明储量十分丰富，其中的 45 种主要矿产可比探明储量的价值约占世界的 14.64%，位居第三；单位国土面积上矿产资源的丰度高，其中主要矿产的单位面积资源价值为世界陆地平均水平的 1.54 倍；优势矿种的探明储量在世界上占较大比重，有 20 多种矿产探明储量居世界前列，有 10 种矿产名列榜首。

另外，在 45 种主要矿产探明存储量中有相当部分矿产存储量不能满足我国经济发展的需要，特别是绝对需求量大的石油、铁、铜、铝、硫、磷等，供需缺口大，进口量多。与此同时，我国大部分矿产资源分布在山地、高原和荒漠集中的西部，交通不便，人口稀少，开发难度较大。由于国内保障程度下降，资源供应对外依存度大幅度上升。随着国家和社会投资的不断增加以及地质调查工作的积极推进，矿产资源勘查取得了显著成果。地质调查部门不断创新地质找矿机制，推进地质找矿突破，《找矿突破战略行动纲要（2011～2020 年）》第一阶段目标全面实现。矿产资源整装勘查积极推进，开发力度不断加大，供给能

① 参见国土资源部：《2012 中国国土资源公报》，中国政府网，2013 年 4 月 20 日，http：//data.mnr.gov.cn/tjgb/201807/t20180704_1997942.html。

力进一步提升，这是以资源的持续供应支撑经济社会可持续发展的保证。

我国关于矿产资源管理的相关制度不断健全，主要包括：一是加强矿产资源勘查开发的统一规划管理，严格矿产资源开发的准入条件，强化资格认证和许可管理，严格按照法律法规和规划进行开发利用。二是完善矿产资源开发管理体制，设置探矿权、采矿权，建立了矿业权交易制度，健全矿产资源有偿占用制度和矿山环境恢复补偿机制。三是完善重要资源储备制度，加强国家重要矿产资源的储备，根据社会发展需求不断调整储备结构和布局。

第五节　大力发展循环经济

循环发展强调资源的循环利用，落脚点是大力发展循环经济，认为“废物是放错地方的资源”，本质是按照“减量化、再利用、资源化”的原则，在生产、流通和消费等环节变废为宝，提高资源利用效率，改变大量开采、大量消费、大量废弃的线性增长模式，形成“资源—产品废弃物—资源再生”的循环型发展模式。

一、循环经济的“3R 原则”

循环经济的最重要特征是以减量化（Reduce）、再使用（Reuse）和再循环（Recycle）为核心的“3R 原则”。作为生态经济的具体模式之一，循环经济以废物的资源化利用为核心，在管理模式上强调“三化”污染控制的技术政策[①]，“三化”是指减量化、资源化和无害化。其中，减量化是减少固体废物的量，既包括对已经产生的固体废物进行减容减量，也可延伸到产生源头，对废物进行源头削减和控制。减量化是对固体废物的数量、体积、种类、有害性质的全面管理，一般认为是防止固体废物污染环境的优先措施。资源化是从固体废物中提取或者使其转化为可以利用的资源、能源和其他再生材料。无害化目前主要保留其规范固体废物处理处置过程的环境影响控制原则的含义[②]，指对已产生又无法或暂时不能综合利用的固体废物，经过物理、化学或生物方法，进行对环境无害或低危害的安全处理处置，达到废物的消毒、解毒或稳定

---

① 参见宋小龙、吴雯杰、杨建新等：《工业固体废物环境管理模式及研究进展》，《上海第二工业大学学报》2015 年第 1 期。

② 参见何品晶、邵立明：《固体废物管理》，高等教育出版社 2004 年版，第 163 页。

化，以防止并减少污染危害。[①]

目前，由于受生产力水平、技术水平和资源化成本的限制，我国还没有在较大范围内实现废物“资源化”，生产废物的控制以“无害化”为主。但废物污染控制和资源化利用的发展趋势必然是从“无害化”走向“资源化”，进而形成“资源化”、“减量化”和“无害化”三者相辅相成、互为因果关系的模式。从国际上资源开发利用和环境保护的发展趋势看，当今世界各国尚未解决人类发展面临的资源、人口、环境三大问题，越来越注重资源的合理利用和循环利用。[②]

二、循环经济的发展现状

总结循环经济的发展经验和发展模式，国内外很多研究单位、研究人员进行了较为深入的研究。《循环经济发展战略及近期行动计划》对我国循环经济的发展进展表述如下：

一是循环经济理念逐步树立。国家把发展循环经济作为一项重大任务纳入国民经济和社会发展规划，循环经济的理念逐步树立起来，各地将发展循环经济作为转型发展的基本途径。

二是循环经济试点取得明显成效。我国在重点行业、重点领域、产业园区和省市开展了两批国家循环经济试点，总结凝炼出一批循环经济的模式案例，探索了符合我国国情的循环经济发展道路。

三是法规体系初步建立。2009 年 1 月 1 日起开始施行的《中华人民共和国循环经济促进法》标志着我国迈入依法推进循环经济发展的轨道。《废弃电器电子产品回收处理管理条例》《再生资源回收管理办法》等法规及 200 多项国家标准先后发布实施，一些地区也制定了地方的促进条例。2020 年 4 月 29 日，十三届全国人大常委会第十七次会议审议通过了修订后的《中华人民共和国固体废物污染环境防治法》，自 2020 年 9 月 1 日起施行。此次全面修改固废法是贯彻落实习近平生态文明思想和党中央关于生态文明建设决策部署的重大任务，是推动打赢污染防治攻坚战、坚持依法治污的迫切需要，是健全最严格生态环境保护法律制度和最严密生态环境法治保障的重要举措。新《中华人民共和国固体废物污染环境防治法》鼓励和引导消费者使用绿色包装和减量

---

① 参见崔兆杰、谢锋：《固体废物的循环经济——管理与规划的方法和实践》，科学出版社 2005 年版，第 76 页。

② 参见诸大建、朱远：《生态文明背景下循环经济理论的深化研究》，《中国科学院院刊》2013 年第 2 期。

包装。组织制定有关标准，防止过度包装造成环境污染，采用可重复使用、易回收利用的包装物，商务、邮政等主管部门应加强监督管理。

四是政策措施逐渐完善。国家深化了资源性产品价格和税费改革，开展资源税改革试点，提高了成品油消费税税率。中央财政设立了实施循环经济重点项目和示范试点的专项资金；出台了支持循环经济发展的投融资政策，逐步完善了环保收费政策。

五是技术支撑不断增强。通过试点，推广应用了一大批先进适用的循环经济技术，在废旧家电和报废汽车回收拆解、废电池资源化利用、共伴生矿和尾矿资源回收利用等一大批技术和装备方面取得突破，汽车零部件再制造技术达到国际领先水平。

六是产业体系日趋完善。废物综合利用产业形成较大规模，循环利用和产业间耦合链接不断深化，再生资源回收体系逐步完善，垃圾分类回收制度初步建立，餐厨废弃物资源化利用和无害化处置开始起步。

总之，我国循环经济的发展进展，不仅体现在循环经济的发展理念逐步深入人心，也体现在“吃干榨尽”成为许多企业和地方领导介绍循环经济时的常用语。不仅体现在制度安排上，也体现在具体行动中。特别是党的十八大以来，单位国内生产总值能耗、物耗、水耗大幅度降低，资源产出率有所提高，促进了产业结构优化升级和发展方式转变，从而为进一步推动循环经济的发展奠定了基础。

三、“3R”原则管控餐饮浪费

控制餐饮浪费、遏制“舌尖上的浪费”，对于中国发展的意义是明确的，现在的关键问题是如何行动，特别是如何将一地一事的个案化探索集成升华成为系统化的创新，如何从被动应对餐饮浪费和负面清单管理走向建设有中国特色的新餐饮模式？这需要从循环经济的角度系统思考餐饮浪费问题，需要引入“3R”原则进行全过程的预防和管控，做到源头环节减少食物和食材的浪费，中间环节对食物和食材尽可能充分使用，末端环节在对餐饮垃圾回收利用的同时设立湿垃圾末端处置的天花板。系统的思考和设计对供给侧的生产者和需求侧的消费者都具有积极意义，在这一过程中，对于私人消费导致的餐饮浪费需要运用经济手段把所产生的外部成本内部化。

一是在源头环节用“减少”（Reduce）原则减少餐饮浪费。在供给侧减少食物浪费，需要食堂、餐馆、酒店等生产单位在量和质两个方面作出创新性的改进。在量的方面，目前已经有化大份为小份、最小销售单位从卖一份到卖半份等举措。2012 年笔者到里约热内卢参加联合国可持续发展峰会，看到巴西餐馆吃自助餐有一种“By Kilo”的做法，它不是国内流行的吃自助餐固定一个价格，然后进去随便吃，结果导致许多浪费的模式。而是每人拿自己喜欢的食物后合在一个盘子里称份量计价，以此防止拿多了吃不完。这样的方式可以改造创新被我们所用，上海有餐厅开始探索这样的新模式，按照每个人的口味不同，分为全素、素多荤少、荤多素少、全荤四种类型，每种类型一种价格，消费者可以各取所需按量计价。

在质的方面，有研究发现学校和外卖中的餐饮浪费，相当程度与饭菜做得不好吃有关，这就需要供给侧改进食物加工的品质，通过高品质保证有效的消费而不是无效的浪费。在消费侧减少食物浪费，现在主要的措施是光盘行动。但是仅仅这样做是不够的，还需要把点菜适度、点菜不要太复杂以致浪费食材、从吃桌餐到吃分餐等有利于减少食物浪费的行为模式固定和坚持下来。

不管是供给侧还是消费侧，我们现在常见的“吃得多有折扣、吃得少单价高”的理念和做法需要改变。控制食物浪费如同日常生活中的煤电水消耗，管理措施应该反过来，适量消费的要优惠，大手大脚过度消费的则要多花钱。

二是在中间环节用“再利用”（Reuse）原则充分利用食材。在食物的价值链中，生产者和消费者都有机会在保证食物安全的情况下使食物得到充分利用。在生产者方面，欧美发达国家有社会组织，专门收集超市当天没有卖完但是仍可食用的食物（特别是新鲜蔬菜）然后发送给需要食物的人群。在消费者方面，国外有这样一种人群，他们经常去餐馆寻找没有吃完但是质量和安全有保证的素食吃，减少了餐馆的食物浪费。这些人并不是因为穷困潦倒，他们的理念就是“用更少的钱活得更好”（live well with less）。这群人被称为“免费素食主义者”，英文名是“freegans”，即“free”（免费）和“vegan”（素食者）两个单词的组合。在当前控制食物浪费的群众性创新中，上海也出现了类似的有一定规模的创新活动。社会公益组织上海绿洲创建的食物银行就是例子，他们在上海设立了100个循环点，通过一系列确保食品安全的操作，把品牌超市当日下架但是质量良好在保质期内的食物分享给有需要的人。实际上，这样的食物收集重复利用活动，完全可以从超市进一步扩展到学校、餐馆、社区等更多的地方。

三是在终端环节用“循环”（Recycle）原则控制和减少厨余垃圾。发达国家用“3R”原则管控食物消费及其产生的垃圾，管理层次从高到低一般有几个步骤：第一步是遏制源头食物垃圾的产生，第二步是把产生的剩食分发给需要救济的人群，第三步是作动物饲料，第四步是用于工业领域，第五步是堆肥，第六步是后将无法处理的进行填埋或者焚烧。其中第三步到第六步属于“Recycle”和末端处置的范畴。

当前，越来越多的人已经认识到对食物垃圾的末端处理，不管是作动物饲料、工业原料和堆肥还是焚烧和填埋都是被动的和消极的，更主动和积极的做法是设立垃圾排放量的天花板以倒逼食物垃圾的数量减少。例如，日本餐馆产出的食物垃圾少，正是因为餐馆食物垃圾超过一定的量会被提高处理费用，餐馆当然不想多交处理费，于是就有动力反过来要求消费者餐饮不能点太多和剩太多。新加坡有明确的法律规定，在餐馆浪费食物需加倍付费，这就是把食物垃圾处理的外部成本内部化。在中国，城市的生活垃圾中食物垃圾或湿垃圾占了很大比例，这方面的末端处理一直是最大的难题。例如，上海这样的超大城市，面临着每天要处理将近 1 万吨湿垃圾的重大挑战，这方面的末端处理设施建设和处理能力存在着严重的缺口。如果能够通过控制餐饮浪费，控制食物垃圾或湿垃圾的持续增加，将会带来饮食模式和垃圾处理的双重胜利。

第六章

生活垃圾分类

从2020年修订的《中华人民共和国固体废物污染环境防治法》中的相关论述可以看出：生活垃圾指的是日常生活中或者为日常生活提供服务的活动中产生的固体废物以及法律、行政法规规定的视为生活垃圾的固体废物，其内容主要包括居民生活垃圾、集市贸易与商业垃圾、公共场所垃圾、街道清扫垃圾及企事业单位垃圾等。

工业化的推进使得我国经济社会取得了快速发展，人民的物质生活水平得到极大提高，但同时带来的后果之一便是我国生活垃圾的产生量迅速增长，对水体、空气、土壤等产生了极大的隐患。环境隐患日益突出，已成为推进现代化过程中的一大难点。按照相关推算，目前城市人均每天产生生活垃圾1.2公斤，农村人均每天0.8公斤，如果按人均1公斤计算，全国约14亿人口，每天的生活垃圾产生量约为14亿公斤，即140万吨，每年生活垃圾产生量约为5亿吨，再加上我国积存的生活垃圾，生活垃圾问题已经成为建设生态文明亟待解决的现实问题。2011年4月，国务院发布了《关于进一步加强城市生活垃圾处理工作的意见》。文中指出，由于城镇化的快速发展，城市生活垃圾数量激增，而垃圾处理能力相对不足，一些城市面临“垃圾围城”的困境。遵循减量化、资源化、无害化的原则，实施生活垃圾分类可以促进资源循环利用、降低垃圾处理的成本，改善城乡人居环境，促进“资源节约型、环境友好型”社会的建立，提高资源利用率、减少污染，进而提高我国的生态文明水平。目前，国家发改委、住建部已出台《生活垃圾分类制度实施方案》，为生活垃圾分类作出了顶层设计，各省市也根据自身的实际情况出台相关政策文件，标志着生活垃圾分类由点及面地渐次推开。

第一节　垃圾的性质

近年来，我国城市生活垃圾清运和处理能力逐渐提高。2020 年，城市生活垃圾清运量为 2.35 亿吨，无害化处理率达 99.7%。[①] 垃圾清运和处理水平提高的背后则暗含着垃圾的大幅增加，这一方面代表着生产力提高所带来的人民生活水平的提高，一方面又带来一系列新的问题和挑战。垃圾是日常生活中最常见之物，与每个人的生活都息息相关，却因其“污秽性”使人们避之不及，人们将垃圾弃之不理，很少有人关注垃圾的生命何时结束、在何处结束。然而，垃圾并没有离我们远去，它以另一种形式对我们的生活产生了影响。恩格斯曾说：“到目前为止的一切生产方式，都仅仅以取得劳动的最近的、最直接的效益为目的。那些只是在晚些时候才显现出来的、通过逐渐的重复和积累才产生效应的较远的结果，则完全被忽视了。”[②] 海量的垃圾带来了严重的环境污染，成为社会不稳定因素。城市的垃圾堆放在城市外围，造成了“垃圾围城”的窘境，导致垃圾无处可去、城市无地可用。无法处理的垃圾臭气熏天、渗滤液横流，对空气和土壤造成严重的污染，给周边居民造成严重困扰。与此同时，由城乡移民组成的拾荒队、废品回收处成为循环经济产业链中的一环，为资源的循环利用提供了很大的支持。由此可见，垃圾并非无用之物，垃圾所带来的一系列政治、经济、社会现象构成了研究社会的诸多问题。看似无用的垃圾，折射出生态环境、消费社会、循环经济、全球化与逆全球化等当今社会科学关心的重要议题。

一、垃圾的物质性

人们对于垃圾的研究有着丰富的经验。一般来说，垃圾是污秽的，这就涉及一个经典的社会问题：洁净与污秽的符号意义。一般意义上对污秽之物的界定恰恰反映了对文化的某种分类和安排。从更为严格的意义上来讲，垃圾与物质的价值问题密切相关，涉及价值的产生与消亡，构成了检视价值现象的刻度。这包含三层含义：一是从垃圾处理过程和现代环境技术的视野中，垃圾往

---

① 参见《2021 中国统计年鉴》，国家统计局，http：//www. stats. gov. cn/tjsj/ndsj/2021/index-ch. htm。

② 恩格斯：《自然辩证法》，人民出版社 2018 年版，第 315 页。

往体现出无价值性；二是从循环经济的视角来看，垃圾不仅是一种客观的物质，还作为一种物质生产资料参与劳动生产，是生产过程中的一环；三是人与垃圾的关系并非丢掉与被丢掉的关系，而是有着深厚的“物质性”内涵，这种关系不断形塑着社会现实。

道格拉斯曾指出，脏污之物在本质上并非是脏污的，“洁净”与“脏污”是由社会文化界定的。[①] 垃圾体现出的肮脏的符号意义导致人们对垃圾避之不及，与垃圾收集或处理相关的群体也往往被人们指指点点，这种污名化与传统对垃圾的符号定义不无关联。而与此相反的是，垃圾处理系统和现代城乡清洁卫生系统却被认为是有净化性的。有研究表明，现代卫生清洁系统是国家权力的象征，垃圾的产生是私人领域行动的结果，城乡清洁和垃圾处理是公共领域的政府行为，这样国家就具备了净化的力量，获得了一种超越世俗的权威和神圣感。[②]

垃圾作为一种物质，仅从其所体现的文化符号进行研究是不够的，还应看到它的经济价值以及对人类社会产生的深层次影响。

第一，垃圾具有参与循环经济链条的潜质，具有经济价值。对于不同的社会阶层，垃圾意味着不同的东西。当今，我国社会的一个显著特征便是阶层分化严重，处于相对较高阶层的人群往往制造垃圾，而产生的垃圾对于处于较低阶层的人们来说可能是富有价值的。一个典型的例子就是社区里的拾荒者，他们从垃圾桶中寻找有回收价值的废弃物，这些生活垃圾变成他们的生产资料，成为其收入来源的一部分，也为垃圾实现经济价值创造了可能。垃圾的这种能动性体现了物质性，它们不但被人们所制造，反而参与社会阶层的区隔和联结。

第二，垃圾参与了人的主体性建构。我们在丢弃垃圾之前都会界定应该丢弃什么、不应该丢弃什么，正如霍金斯所言，“以特定的方式丢弃垃圾是一种自我净化和管理的日常仪式，且具有伦理意义——以正确的方式丢弃垃圾令人感到洁净、正当，随意乱丢垃圾是不文明、不道德、无自我约束力的表现”[③]。正是这种不乱丢垃圾的道德评价手段制约着人们的行为，垃圾作为一种活力之物参与了道德主体的建构，从而形成一种不乱丢垃圾的良好社会风尚。吉登斯

① 参见张劼颖：《垃圾作为活力之物——物质性视角下的废弃物研究》，《社会学研究》2021年第2期。

② 参见张劼颖：《垃圾作为活力之物——物质性视角下的废弃物研究》，《社会学研究》2021年第2期。

③ 转引自张劼颖：《垃圾作为活力之物——物质性视角下的废弃物研究》，《社会学研究》2021年第2期。

的“结构二重性”解决了社会结构制约性与个人行动主体性之间“二元对立”的矛盾：社会本身是具有结构的，这些结构通过社会制度、规则限制、文化传统等对人们的社会行动产生影响，同时，人们会按照自己在行动中不断产生的新要求对社会规则和制度产生影响，促使社会制度进行改革，进而使社会结构发生变化，也就是说，社会结构从客观上的制约性转入主观的创造过程。[①]

第三，垃圾激发了新的价值观念。当前，我国经济发展进入新常态，原本由投资、出口所形成的驱动力日渐减弱，我们必须把经济增长的动力更多放在刺激消费需求上[②]，消费成为中国经济增长的压舱石。“新冠肺炎”疫情爆发以来，全球经济遭遇前所未有的冲击，我国提出要形成“国内大循环为主体，国内国际双循环相互促进”的发展格局，深挖消费潜力、升级消费结构、完善消费机制成为推动经济发展的重要力量。比如，2020 年 3 月以来，全国众多地方政府和平台企业合作大规模发放数字消费券，对提振居民消费起到了积极作用。[③] 但我们应该同时看到，消费在拉动经济增长的同时带来了环境问题，“过度消费、奢侈浪费等现象依然存在，绿色生活方式和消费模式还未形成，加剧了资源环境瓶颈约束”[④]。在消费社会，人们对“垃圾”的认识与传统社会有很大的区别，人们根据自己的喜好界定“垃圾”的价值性，一件不再流行的衣服、一件不够智能的家电都有可能成为垃圾。人们对垃圾的态度和处理方式“实际上表现出一种伦理的变迁，不同的围绕垃圾的生活实践和惯习，背后是对于物质世界的理解和价值判断，以及相应的伦理观念”[⑤]。正如推行生活垃圾分类是贯彻绿色生活方式的举措，人们意识到过量制造垃圾是浪费资源、制造污染的表现，不进行生活垃圾分类同样是不负责任的行为。生活垃圾分类和减量化正在引发新的生活方式，激发人们新的价值观念逐渐形成。

二、垃圾的双重属性

从垃圾的物质性出发，生活垃圾兼具污染性和资源性双重属性。污染性是生活垃圾的固有属性，从污染性出发并贯穿生活垃圾管理的始终是美丽中国建

① 参见刘少杰：《后现代西方社会学理论》，北京大学出版社 2014 年版，第 1093 页。

② 参见中共中央宣传部：《习近平新时代中国特色社会主义思想三十讲》，学习出版社 2018 年版，第 138 页。

③ 参见刘尚希、傅志华、王志刚等：《疫情冲击下数字消费券的多重效应分析》，《财政研究》2021 年第 4 期。

④ 《国家发展和改革委员会关于促进绿色消费的指导意见的通知》，中国政府网，2016 年 2 月 17 日，http：//www.gov.cn/gongbao/content/2016/content _ 5079887.htm。

⑤ 张劼颖：《垃圾作为活力之物——物质性视角下的废弃物研究》，《社会学研究》2021 年第 2 期。

设中的重点。同时，垃圾中有可重复利用的物质，因而有资源性的属性，重视垃圾的资源化利用，对节约成本、减少污染具有重大意义。以往的垃圾混合管理方式忽视了垃圾的双重属性，缺乏对资源性的正确认识，导致社会管理的低效。

首先，混合管理方式模糊了垃圾双重属性的界限，放大了生活垃圾的污染属性，缩小了资源属性，不利于环境保护和资源节约利用。生活垃圾中的污染成分主要是易腐有机物，这些物质在空气、温度、水分等自然环境的作用下，借助于微生物的分解作用迅速腐烂，产生渗滤液、散发出臭味，既污染土壤、水和空气，对人们的健康产生威胁，同时吸引蚊虫、苍蝇、老鼠，进一步加大了环境污染和疾病传播的风险。在这个过程中，生活垃圾中的其他成分由于沾染了易腐有机物，在其变质腐烂过程中受到污染，变成了污染传播的载体，不但不利于资源的回收再利用，还增加了垃圾处理的总量，垃圾处理的成本加大。据相关数据资料统计显示，我国城市生活垃圾填埋处理的比例依然在85％以上。在混合处理模式下实现垃圾的资源化利用只能是一种美好的愿望。

其次，目前主流的垃圾处理的技术手段，皆围绕其双重属性展开，目前，生活垃圾处理最常用的方式是填埋，修建填埋场的出发点就是要防止污染。填埋场前期选址首先要考虑满足防止污染的要求。建设过程中所采取的压实、造坡、衬底、渗滤液收集、沼气导排、防飞网布设等工程措施，也都是为了防止污染的扩散。运营过程中采取的覆盖、分区作业、沼气排空、渗滤液处理、终场覆盖、定期监测等相应措施，也是基于污染防治的要求。由于填埋场占地面积大、选址困难，运营过程中气味控制、飞散物控制难度大，渗滤液难以处理，释放沼气存在安全隐患，一些可利用物质被填埋等原因，填埋场的使用备受争议。

垃圾焚烧由于其对资源的利用率更高、产生的环境隐患更小等优势得到管理者的青睐。垃圾焚烧着眼于焚烧过程产生的热量的提取，兼顾了资源化、无害化、减量化等诸多方面，正在我国各地大面积普及，在运用过程中取得较好的效果。但由于水分含量较大的厨余垃圾混杂其中，降低焚烧的温度，导致二噁英这种有毒物质释放到大气中，对环境产生不利影响。另外，相当一部分渣土、尘土、玻璃、陶瓷、装修垃圾等无机物掺杂在生活垃圾中，在燃烧时这些无机物不产生热量并吸收热量，降低垃圾焚烧的效率，降低热能的利用效率，并产生大量炉渣，甚至有部分垃圾焚烧厂炉渣产生的比例高达30％以上。垃圾中的可用物质被一烧而尽，资源性垃圾的价值没有得到体现。

垃圾堆肥着眼于垃圾中的易腐有机物的转化利用，对资源的回收利用打开一种新思路。易腐有机物在生活垃圾中占有极为重要的地位，如果处理不当会为对环境产生很大的污染，产生对人体有害的物质，影响正常的生产生活。垃圾堆肥有利于实现垃圾的资源化利用，但在操作过程中存在占地面积大、控制气味难度大的特点，产生严重的“邻避效应”。在混合处理的过程中也会因为成分复杂导致堆肥质量不高，使资源的利用效率大打折扣等问题。

在垃圾减量化、资源化利用的背景下，垃圾分类成为必然趋势。我们对垃圾的双重属性也要有清晰的认识。污染是垃圾的必然属性，资源性是从属属性；防治污染是进行垃圾治理的根本任务，资源化利用是实现垃圾价值的更高追求，垃圾分类是建设资源节约型、环境友好型社会的必然追求。

第二节 生活垃圾分类的现状与困境

垃圾分类治理水平是衡量城市发展水平的重要指标，是推动城市可持续发展的关键力量，也是目前我国推进城乡融合发展、建设生态文明的热点议题。据统计，我国居民每年的垃圾产生量以8%～9%的的速度增长，而垃圾的处理面临着容量不足、技术落后的困境，一度造成“垃圾围城”的局面。放眼全球，不管是发达国家还是发展中国家，都面临着垃圾处理和减量的难题，各国相继推出垃圾减量和垃圾分类的制度和政策。我国于2000年年设立了全国首批生活垃圾分类试点城市，在北京、上海、广州等8座城市开展生活垃圾分类的探索，取得了一定的成效，但并未对垃圾分类和减量化产生实质性的推进作用。这一方面是由于垃圾分类本身的复杂性，涉及的参与主体既包括公众自觉，也需要政府的政策引导和社会组织的积极参与；另一方面技术的局限性也加大了垃圾分类的难度，目前世界上公认的处理垃圾的方式是焚烧，然而焚烧垃圾所带来的的大气污染和“邻避效应”成本逐渐凸显。2017年，为了加快城市生活垃圾分类的力度，国家发改委、住房与城乡建设部联合出台了《生活垃圾分类制度实施方案》，选定一批城市开展省会垃圾分类试点，这些试点城市包括直辖市、省会城市、计划单列市等共46个城市作为试点先行先试，希望这些试点城市总结地方经验，进而为提升到国家层面的政策立法提供参考。

一、生活垃圾分类实施的现状

生活垃圾分类是贯彻习近平生态文明思想的重要方面。2016年12月21日，习近平总书记在中央财经领导小组第十四次会议上强调指出：“普遍推行垃圾分类制度，关系13亿多人生活环境改善，关系垃圾能不能减量化、资源化、无害化处理。要加快建立分类投放、分类收集、分类运输、分类处理的垃圾处理系统，形成以法治为基础、政府推动、全民参与、城乡统筹、因地制宜的垃圾分类制度，努力提高垃圾分类制度覆盖范围。”① 2018 年 11 月 6 日，习近平总书记在上海开展考察时强调：垃圾分类工作就是新时尚！城市治理的最后一公里就在社区。② 要练就绣花功夫。社区是党委和政府联系群众、服务群众的神经末梢，要及时感知社区居民的操心事、烦心事、揪心事，一件一件加以解决。加强社区治理，既要发挥基层党组织的领导作用，也要发挥居民自治功能，把社区居民积极性、主动性调动起来，做到人人参与、人人负责、人人奉献、人人共享。垃圾分类不是简单的举手之劳，而是一个科学体系，综合体现了国家的文明程度，城市的管理水平，民众的素质高低。让垃圾分类成为新习惯、新风俗、新规矩，那么文明的行为方式就能逐渐养成，日常生活环境就能得到改善。2019 年 6 月 3 日，习近平总书记对垃圾分类工作作出重要指示：实行垃圾分类，关系广大人民群众生活环境，关系节约使用资源，也是社会文明水平的一个重要体现。③ 推行垃圾分类的关键是加强科学管理、形成长效机制、推动习惯养成。在操作层面上要因地制宜、持续推进，用绣花的功夫持之以恒地常抓不懈。在宣传教育上也要推进垃圾分类理念形成，让广大人民群众认识到实行垃圾分类的重要性和必要性，引导更多的人行动起来，从我做起，培养垃圾分类的好习惯，一起为改善生活环境作努力，一起为绿色发展、可持续发展作贡献。2020 年新年前夕，国家主席习近平通过中央电视台和互联网，发表 2020 年新年贺词，在新年贺词中提到“垃圾分类引领着低碳生活新时尚”④。

随着生活垃圾分类工作的持续推进，各项政策措施也相继推出。2015 年 9 月，中共中央、国务院印发《生态文明体制改革总体方案》，明确提出要逐步推行垃圾强制分类制度，拟以制度化方式来推动，是整个生态文明建设体系当中的一部分，目标明确，态度坚定，绝不是临时起意。为加快落实这项工作，国务院多部委先后出台实施方案及配套政策。

2017 年 3 月 18 日，国务院办公厅颁布《关于转发〈国家发展改革委、住房城乡建设部生活垃圾分类制度实施方案〉的通知》（国办发〔2017〕26 号），要

① 《习近平：从解决好人民群众普遍关心的突出问题入手　推进全面小康社会建设》，中国政府网，2016 年 12 月 21 日，http：//www.gov.cn/xinwen/2016-12/21/content_5151201.htm。

② 参见《习近平在上海考察》，新华网，2018 年 11 月 7 日，http：//www.xinhuanet.com/politics/2018-11/07/c_1123679389.htm。

③ 参见《习近平对垃圾分类工作作出重要指示》，新华网，2019 年 6 月 3 日，http：//www.xinhuanet.com/politics/leaders/2019-06/03/c_1124577181.htm。

④ 《国家主席习近平发表二〇二〇年新年贺词》，中国政府网，2019 年 12 月 31 日，http：//www.gov.cn/xinwen/2019-12/31/content_5465552.htm。

求按照“政府推动、全面参与，因地制宜、循序渐进，完善机制、创新发展，协同推进、有效衔接”的基本原则，先行在全国46个重点城市开展垃圾分类，其中，公共机构和企事业单位要带头分类。到2020年年底，先行试点的46个重点城市要基本建成垃圾分类处理系统，基本建立生活垃圾分类相关法律法规和标准体系，资源回收利用率达到35%以上。

2018年7月，国家发改委公布《关于创新和完善促进绿色发展价格机制的意见》，提出到2020年底前，全国城市及建制镇全面建立生活垃圾处理收费制度。意见要求全面建立覆盖成本并合理盈利的固体废物处理收费机制，并在此基础上加快建立有利于促进垃圾分类和减量化、资源化、无害化处理的激励约束机制。在其后的其他各类文件中，也陆续提到了研究制定收费制度，垃圾分类或将进入收费时代。

2019年6月，住房和城乡建设部等9部门联合印发了《关于在全国地级及以上城市全面开展生活垃圾分类工作的通知》（以下称《通知》），在全国地级及以上城市全面启动生活垃圾分类工作。《通知》中要求，到2020年全面建成小康社会之时，先行试点的46个重点城市要基本建成生活垃圾分类处理系统，其他地级城市实现公共机构生活垃圾分类全覆盖，并且至少有1个街道基本建成生活垃圾分类示范片区。到2022年，各地级市至少有1个区实现生活垃圾分类全覆盖，其他各区至少有1个街道基本建成生活垃圾分类示范片区，对生活垃圾分类的落地作出了更为明确的要求。到2025年，全国地级及以上城市基本建成生活垃圾分类处理系统。此外，国家多部委也出台多个文件，推动各行各业垃圾分类工作。

二、生活垃圾分类实施的困境

为响应国家垃圾分类政策，更好地指导垃圾分类工作的有效实施，各地纷纷做出响应，制定了生活垃圾分类管理条例或管理办法，垃圾分类理念已经成为各级政府施政的重要方面，但“制度的起源并不存在于构设或设计，而在于成功存续下来的实践”①。我国的生活垃圾分类推进过程中还存在很多困境，包括生活垃圾分类行为与意愿不一致、垃圾分类义务在法律体系中的地位尚未凸显、垃圾分类回收再利用循环机制断裂、法律政策的弹性执行等方面。

第一，公民生活垃圾分类行为与意愿不一致。据相关研究发现，城市居民垃圾分类意愿和行为存在较大的差异，愿意参与垃圾分类的比例明显高于实际

① 韩博天：《通过实验制定政策：中国独具特色的经验》，《当代中国史研究》2010年第3期。

参与垃圾分类行为的比例，较高的分类意愿并不必然产生较高的分类行为。[①]近年来，政府在垃圾分类上的宣传教育大大提升了公民对垃圾分类的意识，越来越多的社区居民意识到垃圾分类的重要性，对垃圾分类的环境效益具有积极的认知，但由于缺乏强制性的法律约束和激励性的政策，在实际生活中，人们往往为了追求便利因素，使得政策得不到有效的落地，使得公民生活垃圾分类意愿与行为之间的鸿沟得不到有效的弥合。这就要采取相关手段，促进居民生活垃圾分类行为的实现。

第二，垃圾分类义务在法律体系中的地位尚未凸显。在国外，生活垃圾分类作为公民应尽的一项基本环境义务已成为普遍现象。日本是生活垃圾分类体系比较成熟的国家，1993 年的《环境基本法》从宏观上确定了公民生活垃圾分类的义务。在更为细致的《废弃物处理法》《促进资源有效利用法》《建立循环型社会基本法》中，将生活垃圾分类的义务更加具体化。例如在《废弃物处理法》中明确规定：国民应通过控制废弃物的排放、使用再生品等谋求废弃物的再生利用，同时必须将废弃物分类排放，尽量自己处理自己产生的废弃物，在此基础上，协助国家以及地方团体有关固体废弃物减量及其他废弃物妥善处理政策相关措施的实施。

“公民应当尽到生活垃圾分类的义务”的相关规定在我国出现较晚。在我国《环境保护法》中将“一切单位和个人都有保护环境的义务”“公民应当增强环境保护意识，采取低碳、节俭的生活方式，自觉履行环境保护的义务”写入法律条文，在宏观层面上为生活垃圾分类义务的确立提供了法律依据。北京市是首个将生活垃圾分类义务写入法律条文的城市。2012 年 3 月施行的《北京市生活垃圾管理条例》中，明确了单位和个人应当依法履行生活垃圾产生者的责任，并将减少生活垃圾的产生写入法律。2020 年修订的《中华人民共和国固体废物污染环境防治法》的第四十九条提到：“产生生活垃圾的单位、家庭和个人应当依法履行生活垃圾源头减量和分类投放义务，承担生活垃圾产生者责任。任何单位和个人都应当依法在指定的地点分类投放生活垃圾。”[②] 公民生活垃圾分类义务的长期缺位，导致上位的公民环境义务在相关法律中一直以抽象、模糊的状态存在着，缺少细致、详细的规范结构，导致生活垃圾分类的实践难以持续推进。

第三，垃圾分类回收再利用循环机制断裂。生活垃圾分类是系统工程，涉

① 参见陈绍军、李如春、马永斌：《意愿与行为的悖离：城市居民生活垃圾分类机制研究》，《中国人口·资源与环境》2015 年第 9 期。

② 《中华人民共和国固体废物污染环境防治法》，中国政府网，2020 年 4 月 30 日，http://www.gov.cn/xinwen/2020-04/30/content_5507561.htm。

及生活垃圾产生、投放、运输、处理全链条过程。公民的生活垃圾分类作为再利用循环机制的最前端，直接关系着后续各个环节的效率，决定了废弃物减量化、资源化的实现程度。在物质性视角下，生活垃圾的生命历程（如图 6-1 所示），任何一个环节断裂都会导致资源循环利用的效率大打折扣。而在我国，生活垃圾的前端环节和后端处理机制尚不完备，导致分类收集的生活垃圾无法进行充分进行资源的循环利用。从绿色消费语境下产品包装，到生产者责任延伸制度，到生活垃圾安全高效处理的运行机制，再到技术革新、信息公开、公众监督、宣传教育，每个环节都存在亟待解决的现实问题，各个环节相互协调、相互促进更是任重道远。

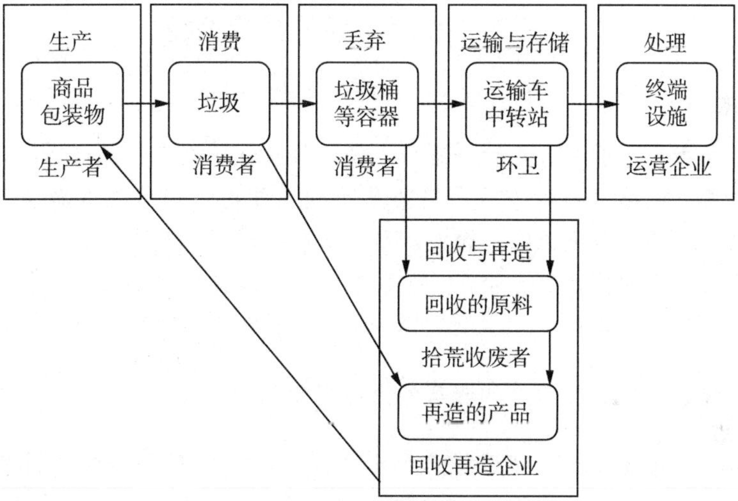

图 6-1　生活垃圾的社会生命[①]

第四，法律政策的弹性执行等方面。在社会治理层面，始终存在着“上面千条线，下面一根针”的局面，任何政策的落地执行总会面临现实的考验。自 2000 年以来，我国在生活垃圾分类领域的政策层出不穷，但制度性投入和资源性投入收效甚微，原因之一便是法律政策与社会实践之间的断裂。“任何个人试图凭据理性而成功地建构出比经由社会逐渐演化出来的规则更具效力的规则，都是不可能的；退一步讲，即使他成功构建出了这样的规则，那么也只有当这些规则得到了所有人都遵守的时候，方能真正发挥其效力并有助于其目的

① 张劼颖：《垃圾作为活力之物——物质性视角下的废弃物研究》，《社会学研究》2021 第 2 期。

实现。”[①] 法律政策的条款预设与社会实际的脱嵌、规则被弹性执行是法律政策设计与运行实践断裂的两个方面。[②] 在公民实践层面，尽管我国的生活垃圾采取“四分类”的方式，但公共场所的垃圾桶仍旧只有可回收物与不可回收物两类垃圾桶，在缺乏细致分类的情况下，公民难以分辨可回收物与不可回收物，且一旦可回收物中混杂不可回收物，其回收效率会大大降低。另外，我国人口众多，居民的环保意识层次不一，生活垃圾产生数量巨大与公民的环保意识淡薄形成一对不可调和的矛盾，进一步导致垃圾分类政策落地实施的难度。

第三节　生活垃圾分类的路径

生活垃圾充斥着私人生活的细节，任何具有强制性的规范要想深入到个人生活的内部并调整其行动方式，需要从不同层面对垃圾分类的全链条进行分析，从技术创新、制度供给、企业生产方式的变革、公众生活方式的培育等多方面进行分解，明确政府、企业、公民的责任，选择合适的展开路径，使各主体充分发挥各自的作用，为生活垃圾分类的可持续推进创造良好的条件。

一、完善垃圾分类设施和服务的供给机制

作为一项系统工程，垃圾分类涉及居民日常生活习惯的养成和生活垃圾分类标准、方法的制定，对垃圾回收系统的一系列过程都有具体而明确的要求，包括垃圾回收的时间、地点、频率，也包括对垃圾分类进行指导、对投放行为进行监督、对人们的认知和行为进行相应的奖惩。在这个过程中，完善分类设施和服务，加强对居民的引导和教育，设置便利性的分类条件，决定着垃圾分类能否顺利推进。相关实证研究表明，外在情境因素或便利性是垃圾分类行为可持续进行的重要因素。因此，在尊重人民主体性的前提下，有必要因地制宜、科学地制定垃圾分类回收标准，为人民群众提供便捷、可靠、齐全的垃圾分类配套措施和服务，为居民营造便捷的垃圾分类环境，促进居民分类行为的养成和保持。日本的垃圾分类模式得到国际的普遍认可，其主要特点就是分类

① 韩博天：《通过实验制定政策：中国独具特色的经验》，《当代中国史研究》2010 年第 3 期。

② 参见冯玉林、秦鹏：《生活垃圾分类的实践困境与义务进路》，《中国人口・资源与环境》2019 年第 5 期。

比较细，这与其完善的后端垃圾处理产业链有关，但我国目前还不具备垃圾分类处理的回收产业链，民众的分类意识也不够强烈，如此细致的分类并不适合我国的实际情况。目前我国对生活垃圾的分类主要采取四分类法，也就是将生活垃圾分为有害垃圾、可回收物、厨余垃圾和其他垃圾四类，其中占比最大的是厨余垃圾，高达55%～70%。根据当地生活垃圾的成分、构成、产生数量等特点，制定符合本地实际的垃圾分类标准，是科学、便捷进行垃圾分类的出发点；综合考虑社区的人口结构、布局、交通等特点合理放置垃圾分类收集设施，设置标识明显、便捷统一的垃圾桶，建设方便用户投放、价格合理的再生资源回收网点，对居民进行垃圾分类的相关培训，引导社区居民方便、准确对垃圾进行分类；对不同类型的垃圾制定符合居民生活习惯的时间安排表，固定时间的垃圾收运制度能提高生活垃圾的收集和处理效率。最后，分类收运、处理的相关措施必须与源头分类保持一致，真正做到体系化、系统化。

二、加强生活垃圾分类知识普及和公众责任感的培养

对垃圾分类意义的认知和态度是分类意愿和行为的强预测因素，因此，要实现垃圾分类政策的落地，必须加强居民对垃圾分类的认知。垃圾分类认知能力的提升主要依靠以下两种途径：

一是广泛宣传垃圾分类知识。研究表明，垃圾分类知识与分类行为的关联度比普遍的、大众的环境保护知识要高，因此对垃圾分类知识的宣传必须进行专门化、特殊化设计，通过互联网、电视、报纸、宣传册、中小学课程、社区活动等方式加大对垃圾分类的宣传力度，提高居民对各种生活垃圾进行准确分类的识别能力，在分类实践中提升自身的认知能力，进一步提高践行垃圾分类的意愿。在对生活垃圾分类进行宣传教育时，要充分考虑不同群体的特征因材施教。对儿童进行垃圾分类教育时，要将垃圾分类与爱国教育相结合，与学生们的学科知识结合起来，让他们认识到垃圾分类是建设美丽中国的必然选择，关系中华民族的伟大复兴和每个人的未来；对老年人进行垃圾分类教育时，不但要采用电视、报纸、广播等适合老年人的媒介进行宣传，同时也要对老年人进行手把手的指导，避免他们由于产生畏难情绪而不知所措，进而对垃圾分类的落地产生不利影响。

另一种途径是培养公民垃圾分类的责任感和价值观。生活垃圾的处理事关环境保护工作的成效，是新时期生态文明建设的重要组成部分，是建设美丽中国必须要解决的关键民生问题，对空气、土壤、水三大要素的安全性都会产生影响，对循环经济的建立、社会秩序的稳定、执政能力的提升、文化价值观念的形成、生态文明的建立都有密不可分的影响。责任感和价值观是个体内在的

一种长期的、相对稳定的情感，与个体的行为密切相关。随着社会分化的加剧，人们的价值观念呈现多样化的态势，对待垃圾分类的态度也因人而异，很难用“一刀切”的方式规范人们的行为，而是必须通过柔性的方式，开展垃圾分类宣传、教育活动，将垃圾分类行为与生态环境保护、资源节约利用、减缓气候变暖、加快碳达峰碳中和等相关的顶层设计结合起来，提高公民对生活垃圾分类地位的认知能力，形成相对稳定的行为取向，通过内生动力，形成长效的垃圾分类行为。

三、建立短期激励与长期激励相结合的激励机制

借鉴世界发达国家的相关经济激励制度，我国一些试点城市也尝试了一系列经济激励措施，经济刺激和奖励是短期内促进垃圾分类的重要举措，这种激励措施往往通过运用现金、优惠券、购物积分等经济奖励作为推动人们进行垃圾分类行为的改变，使得垃圾分类行为与获得经济奖励建立一种条件反射式的联结，这种方式要想实现持久性的效果，需要源源不断的经济支持，这对人口基数巨大的我国来说是一大难点，尚不完善的市场机制也无力承受长久性的经济激励。与垃圾分类的复杂性相比，可能会有很多公民考虑到垃圾分类的时间成本而放弃经济方面的奖励，尤其是对年轻一代来说，微不足道的相关奖励并不足以引起他们的兴趣。另外，随着时间的推移，初期对于经济奖励感兴趣的公民也会随着新鲜感的消退而逐渐丧失垃圾分类的意愿。因此，必须建立一种与短期经济激励相协调的长期激励机制，以保持公众行为的积极性和持久性。按照“谁污染，谁付费”的原则建立一套符合当地特色的生活垃圾分类计量收费制度是解决经济激励不可持续性的一种手段，借鉴“阶梯电价”的收费方式，对生活垃圾的数量从源头进行控制，将垃圾产生量与收费进行挂钩，倒逼公民实现生活垃圾减量化，同时提高垃圾分类的行动意愿，进而为有效实现垃圾的资源化、减量化、无害化提供源头保障。

第四节　生活垃圾分类的“日本模式”

生活垃圾分类是世界各国面临的共同问题。西方一些发达国家经过半个多世纪的探索和积累，已经形成了比较完整的生活垃圾分类体系，对资源节约、集约利用起到了重要的作用。本节以日本为例，对其比较成熟的垃圾分类情况进行研究，以期对我国推进垃圾分类工作提供一定的借鉴。

一、基本情况

20 世纪 50 年代，二战后的日本进入了经济高速增长期，经济的快速发展导致工业垃圾和生活垃圾数量剧增，垃圾乱丢现象随处可见，造成了严重的环境问题。20 世纪六七十年代，“东京垃圾战争”成为日本进行垃圾分类思考的导火索，人们逐渐认识到垃圾分类的重要性。20 世纪 80 年代，日本开始尝试简单的垃圾分类，用焚烧代替原有的填埋方式，人们垃圾分类的意识逐渐增强。到了 20 世纪 90 年代，垃圾分类的方法逐步完善，初步实现垃圾从源头上的资源化、减量化，焚烧逐渐成为垃圾处理的主导方式。进入 21 世纪，日本政府认识到垃圾的物质性特性，大力开展资源的循环再利用，垃圾分类进入日常化、生活化轨道。随着垃圾分类和处理进程的逐步完善，日本政府启动循环型社会建设，颁布针对垃圾问题的《促进建立循环社会基本法》，并对垃圾分类的“3R”（Reduce，Reuse，Recycle）原则进行说明，倡导通过“3R”原则的推行减少垃圾的产生。日本环境厅公布的数据显示，在 2000 年以前，日本的普通垃圾与工业垃圾排放量呈逐年上升趋势，而在 2000 年之后，这两类垃圾的排放量都在逐年减少。目前，垃圾分类已经融入人们的日常生活中，全国范围内形成源头细致分类、焚烧占主导地位、终端进行填埋的处理方式，成功实现了垃圾减量化、资源化和无害化利用，循环利用占比达 20%，充分体现了垃圾分类所带来的正面效应，日本成为世界上垃圾分类实施效果最好的国家。

二、规划理念

1. 推广可持续发展理念，生活垃圾处理流程日益规范化

从 20 世纪 80 年代开始，日本政府认识到垃圾分类的必要性后，改变传统

末端治理的方式，将垃圾管理的重点转向垃圾分类的源头预防。到了90年代，日本各地基本都实施了改革，由末端化处理转变为循环利用和减量化的源头治理垃圾处理模式。在日本政府和民众的共同努力下，垃圾分类处理机制逐步完善，并取得了非常好的效果。2000年以来，日本大力发展循环经济，致力于构建“最适量生产、最适量消费、最小量废弃”的经济社会发展模式，提出了构建与地球共生的“环之国”发展目标。日本政府拥有规范、完善的垃圾收集装置和完善的处理设施，在东京的23个区建设了21座垃圾焚烧厂，每个区各自进行垃圾分类处理工作，自行负责自己辖区内垃圾从分类、运送到最终处理的整个流程，垃圾在各个区完成焚烧，然后集中运送到东京都政府运营的填埋场进行终端填埋处理。各区如果有自身无法处理的垃圾，可以用付费的方式将这部分垃圾交由别的区进行处理，这样的措施也有效引导着居民进行垃圾的减量化、资源化。此外，日本政府还制定了垃圾循环利用率相关指标，促进垃圾分类处理更加注重循环利用和资源再生。

2. 宣传教育，唤起国民自我反省

对于日本垃圾分类的规则，在外人看来“多如牛毛、近乎苛刻”，而对于日本公众来说，这已经是生活的一部分。在日本的街头巷尾，我们看不到乱扔的垃圾，反而随处可见人们对垃圾进行合理分类、按规定投放垃圾的良好举动。这与日本民众自觉的环保意识是分不开的。经历了“垃圾战争”的劫难，日本居民强烈意识到环境问题与自身生活的密切关联，自觉地进行垃圾分类并且相互监督。日本的垃圾分类是长辈手把手教育下一代的，孩子从出生开始就学习垃圾分类，通过父辈一代的言传身教，耳濡目染地习得垃圾分类的基本技能，从幼儿园开始，学校开设垃圾分类的相关课程，系统地对孩子们进行垃圾分类教育，引导孩子们从小养成垃圾分类的习惯。此外，在社区设立垃圾分类教育中心，对垃圾分类的理念进行宣传，将教育和引导渗透到人们生活的各个场所。

3. 分类指导，制定详细的垃圾分类细则

垃圾分类是一项操作性极强的工程，制定细致、明确的分类细则是垃圾分类理念落地的关键。日本的垃圾分类主要将生活垃圾分为资源类、可燃类、不可燃类和大件垃圾四大类。各类垃圾不能随意丢弃，需要在规定的时间和地点投放收集，各类垃圾都有固定的投放时间，错过了规定时间的居民只能忍受垃圾滞留带来的影响。为此，甚至单独出版了“家庭垃圾收集日历”。在各个垃圾回收点，不设置专门的分类垃圾桶。分类后的垃圾由环卫工人收走后，运送到垃圾处理厂，实现资源的循环利用或者将垃圾进行焚烧，焚烧后的残渣运送到指定地点进行填埋处理。为了将垃圾分类工作做细做实，相关部门印发了垃圾分类手册，还翻译成不同语言文字的指南，方便在日本的外国人使用。不同的地区会制作地区特有的垃圾袋，对不同类型的垃圾使用特定样式的垃圾袋丢弃，并且会根据情况的变化及时修订垃圾分类手册，以适应实际变化。

4. 制定严格的层级法律制度

法律是规范人们行为的强制性规范。日本关于环境保护的垃圾处理法律越发完善严密，并逐渐形成了由基础法、综合性法律和具体产品法律三个层级的垃圾处理法律体系，严格约束民众的垃圾分类行为。日本垃圾分类从一开始就把法律约束放在至关重要的位置。早在1970年，认识到垃圾问题严重性的日本国会就迅速通过了《废弃物处理法》，首先明确了生活垃圾由政府处理、工业垃圾由企业自行负责的原则。在后来的实践中，法律逐步完善，形成了系统严格的层级法律制度。比如基础法层级颁布了《促进建立循环社会基本法》，综合性法律层级有《废弃物处理法》和《资源有效利用促进法》，为具体法的制定执行指明了方向，具体法律种类繁多，是直接指导垃圾分类执行的操作性法律。1997年实施《容器包装循环利用法》就是一种具体产品法律，此法将玻璃容器、塑料瓶、纸质包装盒、餐盒、纸箱、不锈钢罐、铝制易拉罐等挑选出来，单独成类，实行回收再利用。1999年，日本在《循环型社会形成推进基本法》中提出了“3R”理念。“3R”理念从此在日本人尽皆知，一直延续至今。在日本对垃圾不分类不但道德上会受到谴责，还是违法行为，法律直接约束着人们的行为，如果把垃圾丢错，不但垃圾会返还家中，一旦被投诉还会遭到罚款，严重的还有可能承担刑事责任。

三、启示借鉴

日本的生活垃圾分类制度及其实践可带给我们各方面的启示。

首先，形成了完善的垃圾分类法律体系。日本成为各国垃圾分类的典范，与其现有的完善的法律体系、严格的垃圾处理制度分不开，在不断实践和总结的过程中，法律制度保障分类工作逐步完成，形成完善的层级法律制度，从顶层设计到落地执行，垃圾分类从宏观层面和微观层面都实现了有法可依、有法必依的原则。我国实行垃圾分类，应从我国科层制的行政管理体制出发，适应多元治理的新形势，逐层制定垃圾分类和处理的相关法律法规，细化垃圾分类的各项法律制度，从宏观和微观层面为垃圾分类提供法律依据和制度保障，指导人们逐步适应垃圾分类的节奏。另外，还需要在借鉴日本垃圾分类实践经验的基础上因地制宜，结合各地的经济社会发展现状循序渐进，逐步完善、优化垃圾处理流程，逐步形成中国特色社会主义垃圾分类处理体系。

其次，做好宣传教育，发挥公众在垃圾分类管理工作中的主体性地位。垃圾问题与个体生活息息相关，政策要想有效落地，人是关键因素，得到基层群众的认可才能推动垃圾分类政策的执行。为此，政府应从垃圾处理全过程、多角度做好宣传工作。目前，仍有相当数量的民众对实施垃圾分类的必要性不甚了解，对垃圾处理的流程缺乏认识，由此可能会对政策的实施产生一些困惑与抵触心理。因此，在对垃圾分类进行宣传的过程中，不但要对垃圾分类的方法进行宣传、指导，还应该将垃圾从产生、投放、运输、末端处理的全过程对民众进行宣传，使居民不但知其然，还要知其所以然，对为什么进行垃圾分类、怎样进行垃圾分类有充分的了解，进而理解并主动参与垃圾分类过程，逐渐养成垃圾分类的习惯，践行绿色、低碳生活方式，不断推进从源头开始的垃圾减量化，为实现碳达峰、碳中和的国家目标贡献个人的一份力量。

最后，构建垃圾产业发展体系。日本的垃圾分类产业为我们提供了一定的借鉴。对于可回收垃圾，要实现资源化利用，尝试以垃圾分类带动上下游产业发展，创造更多的就业岗位，尝试公司化运营等方式规范垃圾回收、处理方式。在日本大阪，可燃垃圾经过燃烧炉的高温分解、除臭，重量减轻，体积变小，成为发电的原材料，而工厂把多余的电进行售卖，为企业带来稳定的收入。运用市场化激活垃圾产业，运用金融、税收等手段吸引社会资本参与垃圾资源化和再利用，推动“垃圾经济”成为新的经济增长点，提高经济效益和社会效益，形成良性循环。

垃圾问题既是环境问题，也是社会问题。垃圾作为一种物质，兼具污染性和资源性双重属性，它以一种复杂、能动的形态影响着我们的生活。目前我国的生活垃圾分类制度还不完善，一些政策在执行过程中面临着与实践断裂的困境，这些都需要我们进一步促进相关工作的推进力度，我们不但应认识到生活垃圾分类的重大意义，也要在实践中探索出符合自身实际的道路，为建设资源节约型、环境友好型社会提供方案，为建成美丽中国创造更大的可能。

第七章

绿色生活方式的法治保障

党的十九大报告明确指出，要实行最严格的的生态环境保护制度，形成绿色发展方式和生活方式，坚定走生产发展、生活富裕、生态良好的文明发展道路，建设美丽中国。[①] 推进美丽中国建设，在全社会形成绿色生活方式，是解决人民对美好环境的向往与提供更多优质生态产品之间的矛盾的必然选择。推动形成简约适度、绿色低碳的生活方式，需要培育公民的道德风尚，更需要形成严密的法治保障。

第一节　推进绿色生活方式法治建设的必要性

绿色生活方式的形成是发展观的深刻变革，涉及思维方式、生产方式、生活方式的一系列根本性变革，必须依靠制度和法治。

一、推进绿色生活方式法治建设是全面依法治国的必然要求

法律是我们党和国家治国理政的重器，是推进国家治理体系和治理能力现代化的重要依托。全面依法治国是建设中国特色社会主义的本质要求，涉及立法、执法、司法、守法的各环节，涉及经济、政治、社会、文化、生态文明全领域的方方面面，是推进“五位一体”总体布局、协调推进“四个全面”战略

① 参见习近平：《决胜全面建成小康社会　夺取新时代中国特色社会主义伟大胜利——在中国共产党第十九次全国代表大会上的报告》，中国政府网，2017 年 10 月 27 日，http：//www.gov.cn/zhuanti/2017-10/27/content _ 5234876.htm。

布局的系统工程。全面依法治国涉及很多方面，在实际工作中必须有一个总揽全局、牵引各方折总抓手。习近平总书记强调，建设中国特色社会主义法治体系是全面推进依法治国的总抓手，是国家治理体系 的骨干工程，各项工作都要紧紧围绕这个总抓手来谋划、来推进。[①] “立善法于天下，则天下治；立善法于一国，则一国治。”[②] 目前，我国已经形成以宪法为核心，包括法律、行政法规、地方性法规、行政规章在内的中国特色社会主义法律体系。但还需要适应新时代的特征进一步完善，加强重点领域立法，增强法律法规的及时性、针对性和实效性，提高法律法规的可执行性，回应人民群众关切期待。进入新时代，我国社会的主要矛盾已经转变为人民对美好生活的向往与不平衡不充分发展之间的矛盾，生态环境问题作为影响人民生活幸福感的重要方面，越来越成为人民生活品质的重要评价指标。目前，我国的生态环境问题依然很严峻，空气、土壤、水质的安全性尽管比前些年有所改善，但尚未达到理想的状态。而环境问题的外部性和生态产品的公共性导致了环境治理的复杂性。加强生态环境领域的立法是规范市场主体行为的重要手段，是中国特色社会主义法治体系的重要组成部分，是回应人民关切、解决环境问题的重要途径。

绿色生活方式是涉及发展观的深刻变革，涉及人民生活的衣、食、住、行等基本方面。2015 年 4 月，中共中央、国务院出台了《关于加快推进生态文明建设的意见》中指出：“培育绿色生活方式。倡导勤俭节约的消费观。广泛开展绿色生活行动，推动全民在衣、食、住、行、游等方面加快向勤俭节约、绿色低碳、文明健康的方式转变，坚决抵制和反对各种形式的奢侈浪费、不合理消费。”[③] 2015 年 9 月，中共中央、国务院发布的《生态文明体制改革总体方案》进一步指出要“倡导绿色生活方式”。在《中华人民共和国国民经济和社会发展第十四个五年龟忽而和 2035 年远景目标纲要》中把“广泛形成绿色生产生活方式”作为 2035 年远景目标之一，实现碳达峰后生态环境根本好转、建设美丽中国的现代化新格局。

---

① 参见中共中央宣传部：《习近平新时代中国特色社会主义思想三十讲》，学习出版社 2018 年版，第 184 页。

② ：《习近平 2014 年 2 月 17 日在省部级主要领导干部学习贯彻十八届三中全会精神全面深化改革专题研讨班上的讲话》，学习强国平台，https：//www.xuexi.cn/lgpage/detail/index.html? id＝2927131023215704174&item_id＝2927131023215704174。

③ 《中共中央、国务院关于加快推进生态文明建设的意见》，中国政府网，2015 年 4 月 25 日，http：//www.gov.cn/gongbao/content/2015/content-264050.htm。

二、推进绿色生活方式法治建设是建设生态文明的重要内容

党的十七大以来，生态文明的理念逐渐进入人们的视线，尤其是党的十八大之后，生态文明理念深入人心，成为建设中国特色社会主义“五位一体”的重要组成部分，对人们的生活方式提出了简约化、绿色化、低碳化的要求。习近平总书记指出，建设生态文明，是一场涉及生产方式、生活方式、思维方式和价值观念各方面、各领域的革命性变革，必须依靠制度和法治。目前我国绿色生活方式的法律和制度尚不成熟，对人们的指导作用不够明确，在推进社会主义现代化建设中加强绿色生活方式的制度和法治建设是建设生态文明的重要内容。

生活方式是人类消费物质资料的方式，具体包括物质生活、精神生活和文化生活，主要由社会生产力发展水平所决定。工业化大生产和先进的科学技术为人们带来了丰富的商品、服务、能量和资源，消费水平的提高意味着人们的生活条件比原来更好。但消费在满足人们需求的同时，带来了对环境的威胁，消费模式破坏了环境的资源基础，使不平等程度进一步加剧。根据联合国相关统计，20 世纪世界的消费变迁令人惊讶。1900 年，世界消费水平只有 1.5 万亿美元，但到了 1998 年，该数据达到了 24 万亿美元，是 1975 年的 2 倍、1950 年的 6 倍。[①] 在发达国家，人均消费以每年 2.3％的速度增长；在东亚，人均消费以每年 6.1％的速度递增。然而，非洲的户均消费不但没有增长，反而呈现下降的趋势。也就是说，消费激增遗漏了最贫困的人群。

吉登斯指出，现代消费的意义早已发生了变化。工业资本主义将社会置于“生产的流水线”上，高速消耗自然资源，对环境造成破坏，制造出大量的污染和浪费。现代消费主义使生产线沿着这一方向更加快速的转动。人们消费的目的并不一定是因为消费品具有使用价值，显示了消费主义的另一面：消费作用于社会内部的社会地位竞争，这些消费品能使他们以一种可见的方式表达自己的身份和抱负，这种消费模式助长了浪费，也增加了环境的压力。一些社会学家认为，消费主义的乐趣不在于使用产品，而在于购买它们的希望，这是一个机遇欲望和期盼之上的消费的“浪漫伦理”（romantic ethic）。对产品和服务的营销就是利用预期消费，以诱人的方式创建和加强人们消费的欲望。然而，从环境保护的视角来看，“浪漫伦理”是灾难性的，新的要求意味着更多

① UNDP，Human Devdopment Report 1998：Consumption for Human Development，http://www. hdr. undp. org/en/content/human-development-report-1998.

的生产，由此在大众生产和消费的循环中产生大量的污染和自然资源的浪费。①

随着可持续发展理念深入人心，那些循环利用塑料、纸、玻璃的、节约用水的或者减少使用私家车的人，正在将可持续发展的理念付诸实践。消费同每个人的生活息息相关，涉及衣食住行方方面面的活动，每个人都应该从自身做起，做生态文明的推动者、践行者，理性消费，强化个人的环境意识，推动形成简约适度、绿色低碳、文明健康的生活方式。

法律是制约人们行为的一种社会规则，是国家职能的重要体现，其基本功能在于规范人们的行为选择，形成良好的、顺应社会主流意识形态的社会秩序。绿色生活方式要求人们以生态文明理念为根本遵循，树立尊重自然、顺应自然、保护自然的观念，改变生活中“不绿色”的因素，坚决杜绝奢侈浪费和不合理的消费行为，提升生活的绿色化水平。因此，法律作为一种强制性手段，对人们的生活方式向绿色化转型提供了严密的制度规范，强力制约和引导着人们的行为。一般意义上来讲，法律对行为的引导既包括正向激励，也包括负向的惩罚。在实际操作过程中，对于符合绿色生活方式理念的行为（如节能减排、垃圾分类等）和市场主体应给予物质奖励、税收优惠、金融支持等正向的激励，对于违背绿色生活方式要求的行为（如碳排放超标、垃圾不分类等）和市场主体进行处罚予以规范。2014 年修订的《环境保护法》中规定“一切单位和个人都有保护环境的义务”，“公民应当增强环境保护意识，采取低碳、节俭的生活方式，自觉履行环境保护义务”②，为公民践行绿色生活方式进行了宏观层面的法律上的约束。《循环经济促进法》《清洁生产促进法》等相关法律法规也在操作层面上为生活方式的绿色转型提供了有效指引。2015 年11 月，生态环境部出台《关于加快推动生活方式绿色化的实施意见》，更进一步为深入实施生活方式绿色化提供了行动指南。在生态文明理念下，我国形成了以节能减排、低碳环保的绿色生活方式理念，初步形成了引导绿色生活的基本法律框架，为完善生态文明制度和法治建设的重要一环。

---

① 参见［英］安东尼·吉登斯、［英］菲利普·萨顿：《社会学》（上），赵旭东等译，北京大学出版社 2015 年版，第 354～380 页。

② 《中华人民共和国环境保护法》，中国人大网，http：//www.npc.gov.cn/wxzl/gongbao/1989-12/26/content_1481137.htm。

第二节 绿色生活方式法治保障面临的问题

改革开放以来，尤其是党的十八大以来，我国的环境问题逐步得到改善，生态文明建设取得了比较显著的成效，美丽中国建设不断迈出坚实的步伐，但生态环境保护还存在很多问题，资源集约节约利用仍有很长的路要走。习近平总书记指出，我国生态环境保护中存在的突出问题，大都与体制不完善、机制不健全、法治不完备有关。[①] 绿色生活方式的法治建设仍存在很多问题，亟待在建设社会主义现代化的过程中加以解决。

一、生态立法机制不完善

生态法律制度是一个国家或地区所有法律、法规和规则的总称，是生态文明法治建设的科学立法环节。[②] 十八大以来，生态立法成为我们国家的一项重要工作，生态文明制度和法治建设不断向前推进。2014 年，被称为“史上最严”的《中华人民共和国环境保护法》面世，对生态环境相关领域的具体工作给出法律层面的规范，为严格保护生态环境、进一步推进生态文明建设、促进经济社会可持续发展提供了严密的法律保障，成为生态文明建设融入经济、政治、文化和社会建设的坚强后盾。2015 年 4 月，中共中央、国务院联合颁布了《关于加快推进生态文明建设的意见》，从对健全生态文明法律法规、完善能源资源利用和污染排放标准体系、健全自然资源资产产权制度、完善生态环境监管制度、健全政绩考核和责任追究制度等方面作出顶层设计，为坚持和完善生态文明制度体系打下坚实的基础。同年 9 月，中共中央、国务院颁布《生态文明体制改革总体方案》，从源头防控、过程严管、后果严惩三个方面建立起生态文明制度“四梁八柱”的基本框架。随后，包括《中华人民共和国大气污染防治法》《中华人民共和国土壤污染防治法》等在内的多部法规相继出台，对体制改革的配套政策给出了严格的法律规定。与此同时，《环境保护督察方案》《自然资源资产离任审计的试点方案》等六部法律的实施，形成了较为完

① 参见中共中央宣传部：《习近平新时代中国特色社会主义思想三十讲》，学习出版社 2018 年版，第 250 页。

② 参见戴亚超、夏从亚：《论新时代绿色生活方式的生态法治保障》，《广西社会科学》2020 年第 12 期。

善的生态环境法治体系，促进了生态补偿体制机制逐步完善，生态环境损害责任终身追究机制在各个部门渐次推开，排污许可、河湖长制、抵制洋垃圾等生态改革措施效果逐渐显现，碳排放权交易的市场机制稳定运行，制度在生态文明建设中的作用得到有效的发挥。

然而，尽管我国的生态文明制度体系基本建立，但以生活方式绿色化为尺度衡量生态立法，仍有很多值得反思的地方。以垃圾分类为例，妥善处理生活垃圾关系到人类的可持续发展，但在“习惯成自然”和思维定式的束缚下，很多居民还是难以认识到垃圾分类的重要性，无法将自身的绿色生活方式与公共利益联系起来，个体行为无法形成群体的公共性，导致民众不愿意按照相关制度的规定进行垃圾分类，也不愿意为了节约能源而放弃私家车所带来的便捷和舒适。在缺乏外部强制约束力的情境下，道德约束难以保障个体的公共性特征，在全社会也难以构建共建、共治、共享的社会治理模式。在全国生活垃圾分类试点的实践中，传统的行政制度已无法适应群众的个性化特征，其法律效力不高、对民众的约束力不强、违法成本低等原因导致垃圾分类治理的政策效能难以充分发挥。强化垃圾分类法治建设是提升社会治理强制约束力的手段，在法律框架下引导居民的合法行为。

此外，绿色消费是倒逼生产方式绿色转型的有效手段，但围绕绿色消费、低碳生活的法律法规存在严重不足的现状，市场主体生态环境准入标准和保护措施尚不完善。2021 年 2 月，中华人民共和国交通运输部公布《邮件快件包装管理办法》对快递包装物的选择和使用作出了说明，指出“在分拣、转运、投递等环节提升可循环包装物的使用效率”，“鼓励寄递企业使用免胶带设计的包装箱”[①]，并对违反相关规定的企业进行法律制裁，这对企业的生产、销售行为起到了很好的规范作用，对降低不可降解塑料制品的使用也起到很好的制约作用。但对提高包装物的循环使用效率、引导减少塑料制品使用的奖惩措施没有明确说明，这无疑不利于垃圾减量化目标的实现。另外，如何在现实中落实生态法律责任，建立健全覆盖各行业、涉及资源能源高效循环利用的制度体系，成为推动生活方式法治化的迫切需要。

二、生态执法机制不严明

执法能力是一个国家治理水平的体现，也是生态文明法治建设落到实处的保证，是推动绿色生活方式实现的重要基础。党的十八大以来，我国在生态执

---

① 中国政府网：《邮件快件包装管理办法》，2021 年 2 月 8 日，http：//www.gov.cn/zhengce/zhengceku/2021-02/25/content_5588767.htm。

法方面不断改进，加强生态执法队伍建设、改进生态执法的手段、推进生态执法监督建设，为推进生态文明制度建设提供了宝贵经验。但从生态文明建设的整体效果来看，生态执法的能力仍存在队伍能力不够、创新不足、效果不佳的缺陷。

首先，生态执法队伍能力不够。2018 年 12 月，为了加强生态环境保护的综合执法力度，中共中央办公厅、国务院办公厅印发了《关于深化生态环境保护综合行政执法改革的指导意见》，作成为我国生态环境执法的重要指导性文件。这个文件对生态环境保护综合行政执法改革作出了全面规划和系统部署，首先对打造一支技术过硬的生态环境保护执法铁军提出了指导性意见，对我国持续推进生态环境治理体系和治理能力现代化提供了科学指南。工业化进程为我们带来巨大经济效益的同时，也积聚了大量的生态环境问题，随着我国主要矛盾发生变化，人们对环境的要求越来越高，而环境问题具有外部性和迟发性特征，这大大增加了环境监管的难度，对环境执法人员的数量和素质都提出了较高的要求。据相关数据统计，截至 2019 年 3 月，全国各地环境执法人员约 8 万人，相当比例的县环境执法人员不足 5 人，难以保障履职需要。从编制性质看，公务员、参公管理人员和事业编制人员占比分别为 4.2%、37.4%和 58%，另有部分地方设有工勤编制，约占 0.4%。各级生态环境部门特别是基层环境执法队伍力量不足、人员偏少、编制混乱的问题较为突出。[①] 环境执法人员的短缺和整体素质偏低无法适应环境问题的复杂性和特殊性，导致环境执法的效果欠佳。因此，进一步提高环境执法人员的整体素质，改善现有的环境执法队伍结构是实现生态文明法治化建设的重要环节。

其次，生态执法的手段缺乏创新性。加强和创新社会治理，是提升国家治理能力和治理水平的重要组成部分，而执法创新能力的高低，直接影响到生态执法的效果。目前，我国的生态执法尚未体现出共建、共治、共享的治理理念，执法手段依旧局限在传统意义上的限期整改、高额罚款、停产停业等高强制性手段，使得执法效果过于“生硬”，导致市场主体往往存在侥幸心理，不利于其充分发挥自身的主动性和创造性，难以提升形成绿色生产和生活方式的认同感和责任感，只注意到企业和个人在社会管理中的客体地位，忽视其主观能动性，不利于形成“人人参与、人人尽力、人人享有”的治理格局，与实现良性、高效、民主的执法形式仍具有很大的差距。此外，管理形式的单一、创新性的不足导致执法与司法的衔接不顺畅，导致违法行为的纠改无法顺利进

① 参见生态环境部行政体制与人事司：《生态环境保护综合执法队伍的组建和管理》，人民网，2019 年3 月 15 日，http：//env. people. com. cn/n1/2019/0315/c1010-30978819. html。

行，既影响经济发展的效率，又影响绿色生活方式的法治化进程。

最后，生态执法的监督机制还不完善。我国的生态执法组织是“自上而下”的监督机制，从2016年开始，中央生态环保督查机制正式启动，成为中国特色社会主义制度创新的一大亮点，实现了中央对各地区、各领域生态执法的全覆盖，不断亮剑掀起了全国环保督察的风暴，解决了一些了重大的环境问题，为各地转变“GDP指挥棒”理念起到催化剂的作用。但环保督察理念、督查内容、督察机制、督察手段等方面仍需继续完善，根据全国主体功能区规划和各地的实际情况进一步提升督察的针对性和准确性，提升督察能力和工作效率。另一方面，公众参与执法的积极性仍然不高，尽管我国生态环境部早在2014年出台了《关于推进环境保护公众参与的指导意见》，但“自上而下”的生态执法监管机制尚未发挥应有的作用，政府主导、企业主体、社会组织和公众共同参与的多元治理格局需要更多“自下而上”的基层创新。近年来，群众参与环境执法的途径有所改善，但仍存在信息不对称、渠道不畅通的缺陷。目前，我国生态执法效果不佳，一定程度上与公众参与环境执法监督的能力不够、渠道受阻有关，要想更好发挥公众的作用，就要继续完善生态执法监督机制，赋予公众相应的权利，保证公众在参与执法监督中的合法性与正当性，引导公众采取恰当的方式更加便捷、高效地参与生态执法监督。

三、生态司法机制不健全

司法是维护公民权益、化解纠纷和矛盾的有效途径。建立健全的生态司法机制不但有助于增强公众对生态法律制度的认同感，有助于公民生态意识的提升，还有利于提升国家治理能力和治理水平现代化水平。改革开放以来，我国的生态司法建设取得了显著的成效，公益诉讼制度逐渐完善起来。诉讼手段推进环境保护是环境保护法得以实施的重要环节，推动环境保护法体系的完善和发展。广义的环境公益诉讼制度包括所有为维护环境公共利益的诉讼，既有国家机关以国家的名义提起的环境诉讼，也有个人以自己的名义提起的环境诉讼。狭义的环境公益诉讼仅是指国家机关代表国家以国家的名义提起的公益诉讼。2012年，我国的环境公益诉讼制度被写入民事诉讼法，为约束企业的污染行为起到了很大的警示作用，但与之配套的程序法中还存在处罚金额远远低于治污费用等不利于企业环境友好行为的培育。此外，公众参与生态公益诉讼的渠道还不畅通，新《环境保护法》对公益诉讼法中公民的主体地位做了说明，但还不具体，并未对生态公益诉讼的相关法规、执行保障、举证责任作出详细的解释。

全国各地的环保法庭、环境资源审判庭等专门机构成立，“三审合一”的审判模式和环境保护司法鉴定机构的工作有序开展，进一步为生态司法工作提供了保证，为生产和生活方式绿色转型提供了司法支撑。但生态司法的专门化建设仍然存在着机构覆盖力度不足的问题，使得在打击生态违法行为方面发挥的作用不佳，不利于强化绿色生活方式的司法保障。

四、公民守法意识有待提高

绿色生活方式是涉及老百姓日常生活的实践活动，与公民的道德水平、意识形态密切相关，绿色生活方式的培育需要良好的生态文明意识作为支撑。首先，要让公民知法。目前，我国的生态法治教育严重缺位，人们对于生态文明建设的法治体系并不熟悉，这与法治教育缺乏完整的体系有着密切的关联。近年来，我国的法治建设取得了前所未有的成就，为建成社会主义法治国建设起到了基础性作用。但对公众的法治教育仍是推进社会主义法治建设的短板之一。在生态文明领域，人们对生态立法的认知不足是导致生态实践不到位的重要因素，是公众未将绿色生活方式转变成自觉行为的不利因素。当前我国的生态法治教育尚未进入国民教育体系，导致缺乏系统性、阶段性和渐进式的法治教育体系。由于教育的缺失，广大中小学生的生态法治意识淡薄，成人教育也很少关注相关法律制度的推行，不利于在全社会形成绿色、低碳的生活方式，阻碍了生态文明法治建设的进程。其次，要让公民守法。目前我国的生态法治教育依旧存在手段单一、效果不佳的特点，主要依靠杂志、海报等传统方式进行宣传，内容乏味、手段俗套，无法满足新时期公民对宣传方式多样性的需求，亦严重阻碍了绿色生活方式的在全社会的普遍推行。

第三节　健全绿色生活方式法治保障的途径

令在必信，法在必行。一个国家、社会要想有序运行，关键是立规矩、讲规矩、守规矩。当前，我国绿色生活法治保障依然存在很多不足，我们要正视存在的问题，从立法、执法、守法的全过程进行完善，不断健全绿色生活方式的法治保障机制，为在全社会形成广泛的绿色生活方式提供坚实的法治基础。

一、完善法律制度

立法是推动生态文明制度建设的关键环节，是完善绿色生活方式法治体系的基础。2019 年 10 月，党的十九届四中全会审议通过了《中共中央关于坚持和完善中国特色社会主义制度、推进国家治理体系和治理能力现代化若干重大问题的决定》（下文简称《决定》）。《决定》对绿色生活方式的法律保障提出了要求，指出要“完善绿色生产和消费的法律制度和政策导向”①，推动形成绿色生产生活方式所需要的生态法律制度的支撑和保障。将绿色生活方式纳入到法律制度的层面进行规范，应加强生态环境保护重点领域的立法工作，对诸如绿色消费、节水节电、绿色交通、垃圾分类等绿色生活的理念融入到生态立法的过程当中，对不符合绿色生活理念的法律法规、政策标准及时进行清理，实行最严格的生态环境保护制度。

第一，构建多元参与的生态文明制度体系。2020 年 3 月，中共中央办公厅、国务院办公厅印发的《关于构建现代环境治理体系的指导意见》提出，“到 2025 年要形成导向清晰、决策科学、执行有力、激励有效、多元参与、良性互动的环境治理体系”。生态环境问题具有广泛性、动态性、复杂性的特点，单纯依靠政府或市场无法有效实现供需平衡，传统环境治理中的“政府失灵”和“市场失灵”的现象验证了这一点。随着环境问题变得越来越复杂，党的十九大报告针对生态环境治理提出了“构建政府为主导、企业为主体、社会组织和公众共同参与的环境治理体系”② 的指导思想，彰显出浓郁的“合作治理”意蕴，突出的强调共建共治共享的理念。与政府和市场的参与方式不同，多元共治模式下社会组织和公众在环境治理中主要发挥着参与者和监督者的作用。随着现代化的推进，政府监管也越来越依赖于社会执法（social enforcement），依赖社会普通公众主动举报社会和企业的违法线索，依赖违法组织内部的个人就所在组织的违法违规行为加以举报。③ 生活方式与公民的日常生活息息相关的，在相关的法律制定过程中，要加强公众的参与，畅通公众参与的渠道，引导公众采取正当的手段参与到绿色生活方式立法的决策中来，努力寻求社会力量有序有效参与和环境治理有效性之间的最大公约数，为推动形成绿色生活方式提供有效的法规依据。

第二，构建科学规范、管理严格的资源总量管理和全面节约制度。树立节约理念是实现全面节约资源和高效利用资源的基本前提。在生产、流通、仓

---

① 《中共中央关于坚持和完善中国特色社会主义制度、推进国家治理体系和治理能力现代化若干重大问题的决定》，中国政府网，2019 年 11 月 5 日，http：//www.gov.cn/zhengce/2019-11/05/content_5449023.htm。

② 习近平：《决胜全面建成小康社会　夺取新时代中国特色社会主义伟大胜利——在中国共产党第十九次全国代表大会上的报告》，中国政府网，2017 年 10 月 27 日，http：//www.gov.cn/zhuanti/2017-10/27/content_5234876.htm。

③ 参见宋华琳：《论政府规制中的合作治理》，《政治与法律》2016 年第 8 期。

储、消费、废弃物处理等各个环节实施节约措施，构建覆盖全面、科学规范、管理严格的资源总量管理和全面节约制度。倡导合理消费、力戒奢侈浪费是贯彻落实人与自然和谐共生理念的基本途径，要形成有利于资源节约和高效利用的空间格局、产业结构、生产方式、消费模式。创新资源高效利用政策，并加强与投资、财税、信贷、环保等政策的配套联动，努力减少单位和个人对能源、水、土地、矿产等资源的消耗，切实提高资源利用的综合效益。循环发展是实现全面节约和高效利用资源的重要途径，要按照减量化、资源化、无害化的要求，从源头上控制生产、流通、消费对能源资源的消耗和废弃物的产生，避免不必要的浪费。此外，全面落实自然资源有偿使用制度，建立健全资源节约集约循环利用的政策体系，全面推动生态系统和生活系统的平衡，为实现绿色生活方式提供保障。

第三，构建科学有效的市场机制。2015 年出台的《生态文明体制改革总体方案》中提到，市场机制是健全环境治理和生态保护体系的核心，要激发市场的动力和活力，发挥市场在环境资源配置中的决定性作用。在完全竞争的市场经济中，通过市场价格和供求关系变化、经济主体的竞争实现资源向更加有效的方向流动，实现资源优化配置。但环境公共物品的买方和卖方之间并不存在现成的市场机制，这与环境产品的公共性或半公共性属性有关，没有价格，无法自动实现“帕累托最优”。环境产品的特殊性导致需要政府制定相关的市场机制引导生态资源进行合理交易，实现买方和卖方之间效益的最大化，同时又能实现环境效益的最大化。充分发挥市场决定性作用，建立竞争、开放、合理、有序的自然资源产权市场，制定合理的市场规则，健全市场价格机制，促进资源有序进入市场参与交易，增强资源能源集约节约、高效利用的内生动力。此外，加快完善资源有偿使用制度，合理开发保护利用稀有资源，根据反映市场供求和资源稀缺程度、体现自然价值和代际补偿等因素，制定有效的资源有偿使用机制，通过市场的力量控制不合理占用和消费稀缺资源，为推动形成绿色生活方式的法治体系提供市场支持。

第四，构建更加完善有效的生态文明绩效考核和责任追究制度。各级地方党委和政府主要负责人要坚决扛起生态保护第一责任人的政治责任，强化领导干部政绩考核的绿色政绩观，按照《生态文明建设目标评价考核办法》建立健全各地生态文明建设的评价标准与考核办法，因地制宜地制定领导干部生态资源资产离任审计制度，完善领导干部生态环境损害责任终身追究制并落实相关制度的有效实施。同时，促进生态补偿和刑事制裁的有机衔接，对生态环境的严重污染行为严惩不贷，对触碰绿色生产生活法律边界的行为绝不姑息。

二、提高执法能力

执法是法律法规的生命力所在，是完善绿色生活方式的支撑点。在“十四五”时期乃至更长一段时间内，我国要将提高执法能力作为推动生活方式绿色化的重要途径，着力做好以下几方面的工作：第一，提升队伍执法水平。制定提高执法效能工作的实施方案，对生态环境领域的执法人员开展定期与应急相结合的培训和教育，推动全员、全业务、全流程使用移动执法系统，对执法过程和程序进行严格培训，提高执法人员的专业水平。此外，还要对执法人员进行生态文明和绿色发展理念的培训，提高执法人员对环境问题和生态保护重要性的认识，提高执法人员对“生态兴则文明兴”的深刻认识，增强执法工作的责任感和使命感。

第二，创新生态执法手段。严格意义上，执法需通过惩治少数违法者来保障多数公众的利益，执法过程中的困难、冲突和角力在所难免。环境问题具有很强的“外部性”，这个特征增加了环境执法的难度。如何在环境保护中快速消除制止违法行为同时尽量让矛盾在平和的氛围中化解，如何形成长效机制从源头上消减污染现象萌生，都对环境执法过程提出了严峻的挑战。一方面，创新形式多样的生态执法体制机制，借鉴法律援助等新样态，与守法激励、非正式惩罚和正式惩罚相互协调、相互补充，对守法者给予一定的经济、税收或其他政策上的奖励，提升他们的守法意愿；另一方面，继续完善刚性的生态执法机制，建立健全推进行政执法和刑事司法之间的衔接机制，充分发挥公安、检察院、法院多部门协同参与的作用，在信息共享的基础上，建立联合调查、联合执法、联合督办的工作机制，促进行政执法和刑事司法的良性互动。

第三，完善生态执法监管机制。一方面，进一步加强中央环保督察的工作范围和力度，扩大环保督察的范围，对重点领域和行业创新督察的形式，深入贯彻落实《中央生态环境保护督察工作规定》，实现“自上而下”的执法监管机制。在督察内容上，从单一的环保督察向生态环境与经济、政治、文化、社会“五位一体”同步推进的方向转变；在督察理念上，实现从以罚为主向“罚教结合”的理念转变；在督察手段上，创新运用新技术手段，通过大数据、无人机等提高督察效率。另一方面，完善公众参与执法监督的机制。人民群众是历史的创造者，人民群众是发展成果的共享者。我们呼吸的空气、喝的水、吃的食物无不与生态环境息息相关，人民群众对空气、水、食物质量的感知能力是推动环保工作的重要力量，应该完善“自下而上”的公众执法监督机制，畅通公众监督环保行为的渠道，健全信访、举报和奖励机制，实现公众对绿色发展、绿色生活方式的监管，促进公众在绿色生活方式法治化的执法参与。

三、健全司法机制

司法是法律法规落地的重要载体，是完善绿色生活法治体系的防线。健全司法体制机制，要重点做好以下几方面的工作：第一，推进环境司法专门化建设。习近平总书记说，“环境就是民生”，环境案件的复杂性要求必须加快推进专门化的司法工作。通过设立环境资源审判庭、合议庭和巡回法庭等审判机构，按照高级法院普遍设立和中级法院按需设立的原则，实现解决生态环境纠纷案件、维护公民生态权益的目标。此外，要优化审判程序，全面推进环境案件的“三审合一”审判模式，将环境案件进行合并归集到环境资源审判机构进行管理，不但可以提升环境司法的效率，还能更好地解决与人民群众生产生活密切相关的生态纠纷。第二，完善公益诉讼制度。通过健全环境领域民事、行政公益诉讼制度立法、进行环境公益诉讼普法宣传等工作对现行环境公益诉讼制度进行修改和完善。推进和完善各级行政执法机关、监察机关、审判机关的信息共享机制，并对案件移送对接相关的工作进行制度规范，确保案件处理流程的高效率和规范化；加强环境普法教育宣传工作，通过各种形式的宣传手段，扩大环境公益诉讼制度的知情范围，引导市场主体和公众积极并合理参与环境保护工作，形成监察机关和企业、公众为诉讼主体的多元参与体系。第三，加强司法队伍建设。对法官队伍的法治素养和环境司法专业知识进行培训，实现二者的有机融合，将环境保护与法律专业知识相结合，增强法官的环保责任意识和辨别能力，全面确保审判质量；通过开设环境保护与法律相结合的、符合中国国情的环境法学相关专业，建立覆盖“本硕博”学历教育一体化的学科培养体系，充实环境司法工作人员队伍，不断提高队伍的工作能力；在司法队伍中设置网络监督员的岗位，通过浏览各级网站爬取公众对环境问题的公益诉讼案件，及时感知公众的环境诉求，破解绿色生活方式的诉讼难题。

司法是生态环境领域立法走向实践的最终环节，也是起着“最后一公里”作用的关键环节，是维护良好的绿色生活方式秩序的保障。新时期的环境司法制度建设，要坚持以人民为中心的发展理念，密切关注公众的环保诉求，不断提高环境司法能力。

四、增强守法意识

守法是法律法规设置的终极需求，也是构建绿色生活方式法治体系的最后防线。相对于立法、执法、司法环节，增强公民的守法意识更具引导力和感染力，是法治建设的软实力。首先，对公民进行法治教育。将生态环境法治教育贯穿到国民教育的全过程，并针对不同特点的受教育者制定合适的教育方案，编写生态法治普法教材，设置适合不同受教育对象的培训课程。在社区开设系列相关讲座，增强社区公民的环境法治意识，从绿色出行、绿色消费、垃圾分类等生活方式的绿色转变做起，逐步实现绿色生活方式的全面转型。其次，通过创新法治宣传手段，提高法治宣传的覆盖率和有效性。适应新技术的变迁，充分发挥融媒体的宣传作用，以世界环境日、世界节水日、绿色出行日等纪念日为依托，开展系列生态法规宣传活动，发动全社会共同关注绿色学校、绿色社区、绿色机关等环保活动的开展，让绿色生活的理念深入人心，在生活中养成节约、健康的生活习惯。面对消费社会的诱惑，能实现理性消费，降低不必要的浪费，为生态环境保护和可持续发展尽自己的责任和义务。同时，借助“互联网+”平台曝光和纠正不文明、不健康的行为，对环境保护典型案例进行大力宣传，在全社会形成风清气正、环保节约的良好局面，为绿色生活法治化提供群众基础。

我国已经开启全面建设社会主义现代化的新征程，新征程面临的风险和挑战需要法治建设的保障。建设富强、民主、文明、和谐、美丽的社会主义现代化国家，需要把生态文明建设贯穿在“五位一体”的各领域和发展的全过程。在全社会推动形成绿色生活方式，需要加强立法、守法、司法和守法整个链条的有机融合，对绿色生产和绿色生活进行法治保障和约束，增强全社会的法治意识，为建设天蓝、地绿、水清的家园提供法治保障，逐步实现环保领域的治理能力和治理水平现代化，实现人与自然和谐共生，建设美丽中国。

参考文献

一、著　作

1. 习近平：《在省部级主要领导干部学习贯彻党的十八届五中全会精神专题研讨班上的讲话》，人民出版社 2016 年版。

2. 《习近平谈治国理政》第 2 卷，外文出版社 2017 年版。

3. 《习近平谈治国理政》第 3 卷，外文出版社 2020 年版。

4. 中共中央党史和文献研究院编：《十九大以来重要文献选编》（上），中央文献出版社 2019 年版。

5. 中共中央文献研究室编：《习近平关于社会主义生态文明建设论述摘编》，中央文献出版社 2017 年版。

6. 中共中央宣传部编：《习近平新时代中国特色社会主义思想三十讲》，学习出版社 2018 年版。

7. 《中国共产党章程》，人民出版社 2017 年版。

8. 《马克思恩格斯文集》第 1 卷，人民出版社 2009 年版。

9. 《马克思恩格斯选集》第 3 卷，人民出版社 2012 年版。

10. 《马克思恩格斯全集》第 3 卷，人民出版社 1960 年版。

11. 恩格斯：《自然辩证法》，人民出版社 2018 年版。

12. 马克思、恩格斯：《德意志意识形态》，人民出版社 2018 年版。

13. 卢风：《生态文明与美丽中国》，北京师范大学出版社 2019 年版。

14. 李捷：《学习习近平生态文明思想问答》，浙江人民出版社 2019 年版。

15. 蒋志刚：《保护生物学》，浙江科学技术出版社 1997 年版。

16. 何品晶、邵立明：《固体废物管理》，高等教育出版社 2004 年版。

17. 崔兆杰、谢锋：《固体废物的循环经济——管理与规划的方法和实践》，科学出版社 2005 年版。

18. 刘少杰：《后现代西方社会学理论》，北京大学出版社 2014 年版。

19. ［德］约阿希姆·拉德卡：《自然与权力——世界环境史》，王国豫、付天海译，河北大学出版社2004年版。

20. ［英］克莱夫·庞廷：《绿色世界史——环境与伟大文明的衰落》，王毅、张学广译，上海人民出版社2002年版。

21. ［英］杰拉尔德·G. 马尔腾：《人类生态学——可持续发展的基本概念》，顾朝林、袁晓辉等译，商务印书馆2012年版。

22. ［英］安东尼·吉登斯、［英］菲利普·萨顿：《社会学》（上），赵旭东等译，北京大学出版社2015年版。

二、期刊报纸

1. 习近平：《推动我国生态文明建设迈上新台阶》，《求是》2019年第3期。

2. 习近平：《在纪念马克思诞辰200周年大会上的讲话》，《人民日报》2018年5月5日。

3.《青海玉树抢抓机遇务实有为奋力开创水利事业新篇章》，《中国水利》2016年第24期。

4. 崔龙燕、石秀秀、黄娟：《对消费主义生活方式的生态批判》，《郑州轻工业学院学报》（社会科学版）2018年第6期。

5. 方世南：《生态文明与现代生活方式的科学建构》，《学术研究》2003年第7期。

6. 高清：《论企业环境责任的建构》，《法学杂志》2009年第7期。

7. 周一博：《公众参与的环境保护模式及其启示——以嘉兴模式为例》，《嘉兴学院学报》2018年第4期。

8. 宋小龙、吴雯杰、杨建新等：《工业固体废物环境管理模式及研究进展》，《上海第二工业大学学报》2015年第1期。

9. 诸大建、朱远：《生态文明背景下循环经济理论的深化研究》，《中国科学院院刊》2013年第2期。

10. 张劼颖：《垃圾作为活力之物——物质性视角下的废弃物研究》，《社会学研究》2021年第2期。

11. 刘尚希、傅志华、王志刚等：《疫情冲击下数字消费券的多重效应分析》，《财政研究》2021年第4期。

12. 韩博天：《通过实验制定政策：中国独具特色的经验》，《当代中国史研究》2010年第3期。

13. 陈绍军、李如春、马永斌：《意愿与行为的悖离：城市居民生活垃圾分类机制研究》，《中国人口·资源与环境》2015年第9期。

14. 冯玉林、秦鹏：《生活垃圾分类的实践困境与义务进路》，《中国人口·资源与环境》2019 年第 5 期。

15. 戴亚超、夏从亚：《论新时代绿色生活方式的生态法治保障》，《广西社会科学》2020 年第 12 期。

16. 宋华琳：《论政府规制中的合作治理》，《政治与法律》2016 年第 8 期。

17. 岳友熙：《生态环境美学的价值论基础》，《西北师范大学学报》（社会科学版）2010 年第 6 期。

18. 《恢宏的世界胸怀，坚定的大国担当——习近平主席出席联合国成立 75 周年系列高级别会议并发表重要讲话向世界发出中国声音提出中国方案阐明中国立场》，《人民日报》，2020 年 10 月 3 日。

19. 黄承梁：《生态文明型生活方式才最时尚》，《人民日报》（海外版）2013 年 2 月 2 日。

三、电子资源

1. 习近平：《在党史学习教育动员大会上的讲话》，新华网，2021 年 3 月 31 日，http：//www.xinhua-net.com/politics/leaders/2021-03/31/c_1127278288.htm。

2. 习近平：《决胜全面建成小康社会夺取新时代中国特色社会主义伟大胜利——在中国共产党第十九次全国代表大会上的报告》，中国政府网，2017 年 10 月27 日，http：//www.gov.cn/zhuanti/2017-10/27/content_5234876.htm。

3. 习近平：《在庆祝中国共产党成立 100 周年大会上的讲话》，新华网，2021 年7 月 1 日，http：//www.xinhuanet.com/2021-07/01/c_1127615334.htm。

4. 习近平：《坚持和完善中国特色社会主义制度推进国家治理体系和治理能力现代化》，共产党员网，2020 年 1 月 1 日，https：//www.12371.cn/2020/01/01/ARTI1577865652215275.shtml。

5. 习近平：《携手构建合作共赢、公平合理的气候变化治理机制——在气候变化巴黎大会开幕式上的讲话（全文）》，新华网，2015 年 12 月 1 日，http：//www.xinhuanet.com//world/2015-12/01/c_1117309642.htm。

6. 习近平：《在第七十五届联合国大会一般性辩论上的讲话》，习近平系列重要讲话数据库，人民网，2020 年 9 月 23 日，http：//jhsjk.people.cn/article/31871241。

7. 《习近平：把义务植树深入开展下去为建设美丽中国创造生态条件》，人民网，2013 年 4 月 3 日，http：//cpc.people.com.cn/n/2013/0403/c64094-21010148.html。

8. 《习近平：坚持全国动员全民动手植树造林把建设美丽中国化为人民自

觉行动》，中国文明网，2015 年 4 月 3 日，http：//www. wenming. cn/specials/zxdj/xjp/zyjh/201504/t20150403 _ 2542917. shtml。

9.《习近平总书记植树地回访：绿色发展理念深植百姓心间》，人民网，2017 年 3 月 31 日，http：//politics. people. com. cn/n1/2017/0331/c1001-29183284. html。

10.《习近平：持之以恒推进生态文明建设努力形成人与自然和谐发展新格局》，人民网，2017 年 8 月 29 日，http：//cpc. people. com. cn/n1/2017/0829/c64094-29500069. html。

11.《习近平参加内蒙古代表团审议》，新华网，2019 年 3 月 5 日，http：//www. xinhuanet. com/politics/2019lh/2019-03/05/c _ 1124197105. htm。

12.《习近平：深入理解新发展理念》，人民网，2019 年 5 月 16 日，http：//cpc. people. com. cn/n1/2019/0516/c64094-31088253. html。

13.《习近平出席全国生态环境保护大会并发表重要讲话》，中国政府网，2018 年 5 月 19 日，http：//www. gov. cn/xinwen/2018-05/19/content _ 5292116. htm。

14.《习近平在海南考察：加快国际旅游岛建设谱写美丽中国海南篇》，人民网，2013 年 4 月 13 日，http：//cpc. people. com. cn/n/2013/0411/c64094-21093668. html。

15.《习近平：从解决好人民群众普遍关心的突出问题入手推进全面小康社会建设》，中国政府网，2016 年 12 月 21 日，http：//www. gov. cn/xinwen/2016-12/21/content _ 5151201. htm。

16.《习近平对垃圾分类工作作出重要指示》，新华网，2019 年 6 月 3 日，http：//www. xinhuanet. com/politics/leaders/2019-06/03/c _ 1124577181. htm。

17.《国家主席习近平发表二〇二〇年新年贺词》，中国政府网，2019 年 12 月31 日，http：//www. gov. cn/xinwen/2019-12/31/content _ 5465552. htm。

18.《在纪念马克思诞辰 200 周年大会上的讲话》，习近平系列重要讲话数据库，http：//jhsjk. people. cn/article/29966126。

19.《绿水青山就是金山银山》，新华网，http：//www. xinhuanet. com/politics/szzsyzt/lsqs2017/index. htm。

20. 中华人民共和国生态环境部、中国科学院：《中国生物多样性红色名录》，2018 年 5 月 22 日，http：//www. mee. gov. cn/gkml/sthjbgw/qt/201805/t20180522 _ 441028. htm。

21. 国家统计局：《中华人民共和国 2020 年国民经济和社会发展统计公报》，2021 年 3 月，http：//www. stats. gov. cn/tjsj/tjcbw/202103/t20210331 _ 1815847. html。

22. 全球能源互联网发展合作组织：《全球能源互联网研究与展望》，2021 年

3 月，https：//www. geidco. org. cn/publications/plan/2020/1898. shtml。

23. 国土资源部：《2012 中国国土资源公报》，中国政府网，2013 年 4 月 20 日，http：//data. mnr. gov. cn/tjgb/201807/t20180704 _ 1997942. html。

24. 《2021 中国统计年鉴》，国家统计局，http：//www. stats. gov. cn/tjsj/ndsj/2021/indexch. htm。

25. 《国家发展和改革委员会关于促进绿色消费的指导意见的通知》，中国政府网，2016 年 2 月 17 日，http：//www. gov. cn/gongbao/content/2016/content _ 5079887. htm。

26. 生态环境部环境、经济政策研究中心：《公民生态环境行为调查报告（2020 年）》，2020 年 7 月 14 日，http：//www. mee. gov. cn/ywgz/xcjy/gzcy _ 27007/202007/t20200714 _ 789277. shtml。

27. 《中共中央关于坚持和完善中国特色社会主义制度、推进国家治理体系和治理能力现代化若干重大问题的决定》，中国政府网，2019 年 11 月 5 日，http：//www. gov. cn/zhengce/2019-11/05/content _ 5449023. htm。

28. 联合国环境和发展大会：《生物多样性公约》，1993 年 12 月 29 日，https：//www. un. org/zh/documents/treaty/files/cbd. shtml。

29. 《中华人民共和国固体废物污染环境防治法》，中国政府网，2020 年4 月 30 日，http：//www. gov. cn/xinwen/2020-04/30/content _ 5507561. htm。

30. 《中华人民共和国环境保护法》，中国人大网，http：//www. npc. gov. cn/wxzl/gongbao/1989-12/26/content _ 1481137. htm。

31. 《邮件快件包装管理办法》，中国政府网，2021 年 2 月 8 日，http：//www. gov. cn/zhengce/zhengceku/2021-02/25/content _ 5588767. htm。

32. 生态环境部行政体制与人事司：《生态环境保护综合执法队伍的组建和管理》，人民网，2019 年 3 月 15 日，http：//env. people. com. cn/n1/2019/0315/c1010-30978819. html。

33. 蔡冰洁：《从消费端探索碳减排新路径——探索建立统一的居民消费领域碳交易体系》，2021 年 6 月 22 日，https：//www. thepaper. cn/newsDetail _ forward _ 13248717。

后　记

美丽中国建设，是关系人民福祉、关乎民族未来的长远大计，是新时代社会主义建设的重大工程。习近平生态文明思想对推进生态文明建设、建设美丽中国具有重要的指导意义和实践意义。要建设美丽中国，就要深刻领会习近平生态文明思想，就要坚持创新、协调、绿色、开放、共享的发展理念，加快变革生产方式、生活方式、思维方式和价值观念。

在美丽中国生态文明建设过程中，需要社会各方的参与，每个主体的认识、行为都会对环境产生巨大的影响。不要忽视个体对环境的“小恶”行为，数亿个“小恶”积累起来就成了“大恶”。因此，本书试图从思想认识、环境责任、绿色生活方式转变、法律制度保障等方面进行阐述，以提高读者的认同感和践行度。本书主要内容包括七部分：第一章，美丽中国建设的提出背景；第二章，美丽中国建设的中国方案；第三章，美丽中国建设的全民行动；第四章，推动形成绿色生活方式；第五章，节约使用资源和能源；第六章，生活垃圾分类；第七章，绿色生活方式的法治保障。其中第一章、第二章、第五章由张彦丽负责撰写，第三章、第四章由陈俊霞负责撰写，第六章、第七章由雷萌萌负责撰写。张彦丽负责拟定写作提纲，陈俊霞负责全书统稿和定稿。

本书几位作者近年来一直在从事生态文明建设的研究和教学工作。在研究和教学的过程中，通过到基层调研，深切感到把习近平生态文明思想宣传普及的重要性。本书是目前作者对公众参与生态文明建设实践阶段性的研究成果，目的是推动政府改进完善生态环境治理政策、绿色组织开展环保活动、企业发展绿色产业、公众提高生态文明素养、促进环境友好型、资源节约型社会的建设。作为党校课程建设的一项重要成果，本书也适用于干部培训教学。在本书撰写过程中，得到山东大学出版社刘彤老师的大力帮助和山东省委党校教务处、科研处等有关部门的大力支持，对此我们表示衷心的感谢！

本课题研究历时两年多时间，在繁重的教学科研之余完成。由于水平和能力有限，书中难免有疏漏和谬误之处，敬请各位专家学者同仁批评指正。

陈俊霞

2021年8月